はじめに

　毎年、数多くの人が海外へと出かけていきます。大学生の海外への卒業旅行は年中行事化し、週末を利用して気軽に3、4泊の海外旅行を楽しむ人も増えています。このように海外旅行が日常化してきたいま、パッケージツアーだけではなく、自分で旅をアレンジして楽しむケースも着実に増えてきているようです。

　ところが、せっかく高い航空運賃と宿泊費を払って、異国の地へ出かけていったにもかかわらず、英語で話すのに不慣れなため、現地の人とのコミュニケーションを最低限のものですませ、不便や不満を感じることがあっても、仕方がない、とあきらめて帰ってくる人も少なくないのではないでしょうか。

　本書は、このような状態にあきたらず、もっと積極的に海外の旅を楽しみたい、そして、その中で心ときめく出会いがほしい、と考えている方のためにつくられました。

　ホテルに快適に泊まり、食べたいものを満足のいくかたちで食べ、交通機関を上手に利用して効率的に時間を使い、現

地ならではのコンサート、野球などのエンターテインメントを楽しみ、そしてまた、街のスーパーやジムなどにも出かけて、その土地の生活や文化に直接触れてみたい、と考える方のためのものです。

　したがって、本書には現地で行動を起こすのに確実に役立つ表現を精選しておさめてあります。また、それぞれの表現の解説では、それを使って行動するときの前提となっている社会的・文化的な背景知識もできるだけ紹介しました。

　また、本書のもうひとつの大きな特徴は、旅先で出会う人と会話を始めるきっかけをつくるヒントを、実際に遭遇しそうな場面の中で提供していることです。偶然の出会いから、印象に残る心の交流が生まれるチャンスを逃さずにつかまえていただければと思います。

　本書を片手に海外へ出られた方が、ひとりでも多く、積極的に英語を使って、現地でのコミュニケーションの幅を広げられ、新しい発見のある旅をされることを、心から祈っています。

　　　　　　ACTIVE ENGLISH 編集部

C O N T

はじめに ……………………………… 2
本書の使い方 ………………………… 6

Chapter 1 機内 11
基本表現：KEY EXPRESSIONS
SKITS／積極アプローチ
● Tips for Trips
「機内に入ったら、そこは目的地だと思え」

Chapter 2 空港 37
基本表現：KEY EXPRESSIONS
SKITS／積極アプローチ
● Tips for Trips
「出入国、ところ変われば……」

Chapter 3 ホテル 57
基本表現：KEY EXPRESSIONS
SKITS／積極アプローチ
● Tips for Trips
「旅の安全と快適さはお金で買う」

Chapter 4 交通 89
基本表現：KEY EXPRESSIONS
SKITS／積極アプローチ
● Tips for Trips
「交通手段に手段を選ばず」

Chapter 5 食事 135
基本表現：KEY EXPRESSIONS
SKITS／積極アプローチ
● Tips for Trips
「海外で食事をスマートに楽しむ」

Chapter 6 買い物 165
基本表現：KEY EXPRESSIONS
SKITS／積極アプローチ
● Tips for Trips
「お客様は神様ではありません」

E N T S

Chapter 7 **娯楽** 195	基本表現：KEY EXPRESSIONS SKITS／積極アプローチ ● Tips for Trips 「娯楽の沙汰も工夫しだい」	
Chapter 8 **生活体験** 221	基本表現：KEY EXPRESSIONS SKITS／積極アプローチ ● Tips for Trips 「沈黙は金ではありません」	
Chapter 9 **SOS** 249	SOS 1：パスポートがなくなったら SOS 2：飛行機から荷物が出てこなかったら SOS 3：病気になったら SOS 4：車が追突されたら	

B＆Bで体験するイギリスの田舎（ロンドン発） ……… 88
長い列は美味しい料理と無関係？（ニューヨーク発） …… 164

旅に連れていく英単語500 ……………………………… 272
旅行ことば英米比較表 ……………………………………… 288

旅のデータファイル …………………………………………… 289
● 海外での国際電話のかけ方
● 世界の国の時差早見表
● 衣服サイズ比較表
● 度量衡換算表

監修：高橋朋子
解説：高橋朋子（Chapter 4、5、6、7、8）
　　　藤田　保（Chapter 1、2、3、4）
英文作成：Jim Castleberry、Brian Maitland、Cathleen Fishman

本書の使い方

　本書『旅行英会話ミニフレーズ』は、あなたが旅に出かけたら遭遇するであろう場面を、機内や空港、食事、買い物、娯楽など9つの章に分け、旅の各場面で必要な表現を紹介してあります。そして、それぞれの章は、さらに以下のように6つのパートに分かれていて、順を追って読み進んでいくことにより、旅行中に必要な英語の表現や会話の仕方が自然に身につけられるように構成されています。また、現地で役立つ情報やデータも含めてありますから、本書をあなたの旅のお供としてもお役立てください。

KEY EXPRESSIONS 全体の流れ

まず最初に、この後のKEY EXPRESSIONSで紹介する場面の展開をフローチャートの形でお見せします。実際の旅行中に必要な表現を探すときのインデックスとしても使えます。

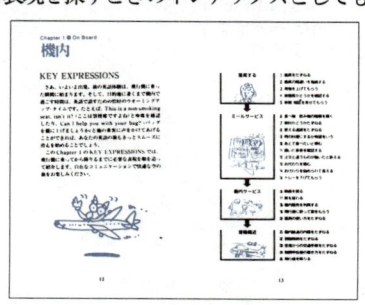

KEY EXPRESSIONS 基本編

KEY EXPRESSIONS で紹介する表現の中から、特に基本的なものを取り上げてあります。英語が苦手な人でも、これさえ覚えておけば旅の各場面でサバイブできるでしょう。

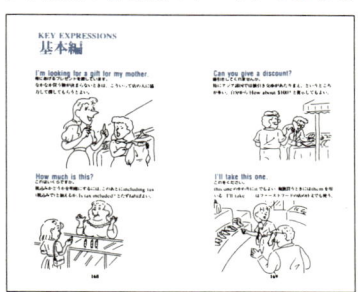

KEY EXPRESSIONS

ズバリ、「旅行必須表現」を網羅しました。解説には、代替表現や類似表現とともに現地の文化も紹介してありますから、実際に旅に出かけた気分で読み進んでいただけるでしょう。

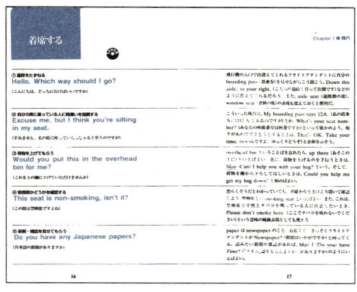

※解説中に A〈B／C〉とあれば、下線部 A を B または C に置き換えて使えます。

SKITS

あなたに一歩先立って海外旅行に出かけた明子と正夫のカップルが登場する寸劇で、KEY EXPRESSIONS に出てきた表現が実際の場面ではどのように使われるのか見てみます。

積極アプローチ

海外旅行は英語プラクティスの最高の機会。旅先で出会う人たちと気軽におしゃべりを楽しめば、あなたの英語力にさらに磨きがかかるでしょう。そのためのヒントを差し上げます。

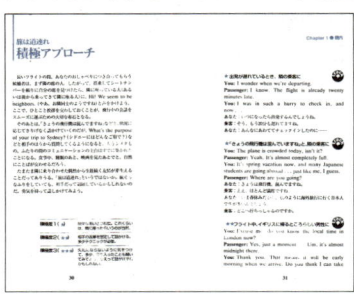

Tips for Trips

各章の内容に関連したエッセーです。筆者の直接体験に基づく、旅行にまつわる四方山話をお楽しみください。知っておくと旅が数倍楽しくなる情報や英語表現も入っています。

その他

空港やホテルで、あるいは街角で目にする英単語を集めた「旅に連れていく英単語500」や「衣服サイズ比較表」など、旅先で必ず役立つ情報やデータも収録しました。

CDの収録内容のお知らせ

ナレーター

Shane Novak / Tom Clark / Lynn Kane / Bianca Alenn / Jeff Botting ほか

■CDの収録時間：約60分
■CDの収録内容
- ● KEY EXPRESSIONS
- ● SKITS
- ● 積極的アプローチ

■CDの効果的な使い方

　まずは本書の英文を読みながら聞いてみてください。多少聞き取りづらい部分があっても、英文を目で確認しながら読むことで対処できるはずです。なお、この段階では、CDを止めながら聞いてもかまいません。もし文法上の問題などで文意が理解しづらい場合は、その部分の解説を読んで英文の意味を消化してください。自分の頭を通過させることで、記憶を助けることができるでしょう。

　次に、文字を追わずに耳だけで繰り返し聞いてください。意味を理解し、かつ、音としての英語に慣れることで、英語表現が、日本語のように「自然なもの」と感じられてくるはずです。

　自信がついたら、次はかならず口に出してまねてみてください。その際には、決して恥ずかしがらず、話者の気持ちになって、自分が同じ経験をしているようなつもりでいってみてください。

　外国語の表現を本当の意味で「覚える」ためには、イヌ＝dogというように辞書を丸暗記するのではなく、自分になじみのある文脈の中で身につけていく必要があります。本CDを繰り返し聞き、さらに繰り返しまねることによって、英語を「自然なもの」としてください。

CD取扱いの注意
CDをいつでも良い音でお聞きいただくために、次のことにご注意ください。

1. CDの信号面(文字の書かれていない面・裏側)には非常に細かい信号が入っているため、静電気で付着したほこりでも音が出ない場合があります。ＣＤを聞く際は、必ず柔らかい布で拭いてから使用してください。
2. CDの信号面には指で触れないようご注意ください。万一触れた場合は、柔らかい布で拭いてから使用してください。
3. 高温多湿、直射日光の当たる場所は避けて保管してください。
4. ディスクの両面にペンで書いたり、シールを貼ったりしないでください。
5. 変形・破損したディスクは使用しないでください。プレイヤーの故障の原因となります。

Chapter 1
機内

Chapter 1 ● On Board
機内

KEY EXPRESSIONS

　さあ、いよいよ出発。旅の英語体験は、飛行機に乗った瞬間に始まります。そして、目的地に着くまで機内で過ごす時間は、英語で話すための恰好のウォーミングアップ・タイムです。たとえば、This is a non-smoking seat, isn't it? (ここは禁煙席ですよね) と座席を確認したり、Can I help you with your bag? (バッグを棚に上げましょうか) と他の乗客に声をかけてあげることができれば、あなたの英語の旅もきっとスムーズに滑走を始めることでしょう。

　この Chapter 1 の KEY EXPRESSIONS では、飛行機に乗ってから降りるまでに必要な表現を順を追って紹介します。自在なコミュニケーションで快適な空の旅をお楽しみください。

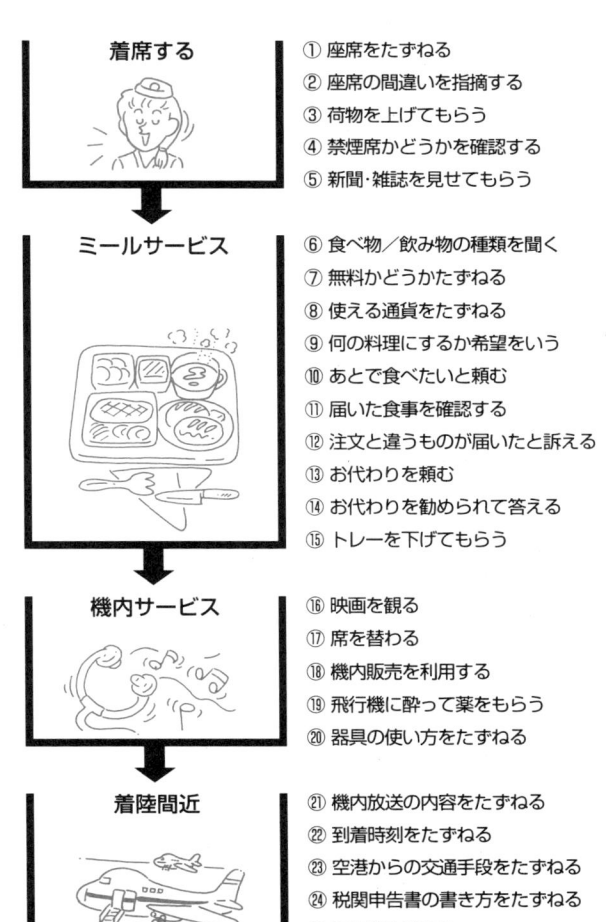

着席する
① 座席をたずねる
② 座席の間違いを指摘する
③ 荷物を上げてもらう
④ 禁煙席かどうかを確認する
⑤ 新聞・雑誌を見せてもらう

ミールサービス
⑥ 食べ物／飲み物の種類を聞く
⑦ 無料かどうかたずねる
⑧ 使える通貨をたずねる
⑨ 何の料理にするか希望をいう
⑩ あとで食べたいと頼む
⑪ 届いた食事を確認する
⑫ 注文と違うものが届いたと訴える
⑬ お代わりを頼む
⑭ お代わりを勧められて答える
⑮ トレーを下げてもらう

機内サービス
⑯ 映画を観る
⑰ 席を替わる
⑱ 機内販売を利用する
⑲ 飛行機に酔って薬をもらう
⑳ 器具の使い方をたずねる

着陸間近
㉑ 機内放送の内容をたずねる
㉒ 到着時刻をたずねる
㉓ 空港からの交通手段をたずねる
㉔ 税関申告書の書き方をたずねる
㉕ 飛行機を降りる

KEY EXPRESSIONS
基本編

Would you put this bag up there?
(このバッグを、あそこに上げていただけませんか)
頭上の荷物入れに手が届かなかったり、荷物が重くて持ち上げられないときも、この表現を知っていればだいじょうぶ。

What kind of soft drinks do you have?
(ソフトドリンクはどんな種類がありますか)
飲み物や食事の注文の際、まず何があるか聞いてみる表現。
soft drinks を wine や meal に置き換えて使える。

Chicken, please.

(チキンをください)

何がほしいか聞かれたら、[ほしい物] + please. といえば、あなたの希望は100パーセント伝わる。

What did she say in the announcement?

(アナウンスで何といいましたか)

アナウンスの声が男性なら、she は he となる。聞き逃した機内放送も、こう聞いて確かめておけば安心だ。

着席する

① 座席をたずねる
Hello. Which way should I go?
(こんにちは、どっちに行けばいいですか)

② 自分の席に座っている人に間違いを指摘する
Excuse me, but I think you're sitting in my seat.
(すみません、私の席に座っていらっしゃると思うのですが)

③ 荷物を上げてもらう
Would you put this in the overhead bin for me?
(これを上の棚に上げていただけませんか)

④ 禁煙席かどうかを確認する
This seat is non-smoking, isn't it?
(この席は禁煙席ですよね)

⑤ 新聞・雑誌を見せてもらう
Do you have any Japanese papers?
(日本語の新聞がありますか)

Chapter 1 ● 機内

飛行機の入口で出迎えてくれるフライトアテンダントに自分のboarding pass（搭乗券）を見せながらこう聞こう。Down this aisle, to your right.（こちらの通路を行って右側です）などのように答えてくれるだろう。また、aisle seat（通路側の席）、window seat（窓側の席）の表現も覚えておくと便利だ。

こういった場合は、My boarding pass says 12A.（私の搭乗券には12 A とあるのですが）とか、What's your seat number?（あなたの座席番号は何番ですか）といって確かめよう。相手があわてて立とうとするときは、That's OK. Take your time.（いいんですよ。ゆっくりどうぞ）と余裕を示そう。

overhead bin ということばを忘れたら、up there（あそこの上に）といえばよい。逆に、荷物を上げるのを手伝うときは、May〈Can〉I help you with your bag? という。そして、荷物を棚から下ろしてほしいときは、Could you help me get my bag down? と頼めばよい。

恐らくそうだとわかっていても、不確かなときはこう聞いて確認しよう。喫煙席なら smoking seat といえばよい。また、これは、禁煙席で平然とタバコを吸っている人に注意したいとき、Please don't smoke here.（ここでタバコを吸わないでください）という意味の婉曲表現としても使える。

paper は newspaper のこと。着席するとさっそくフライトアテンダントが Newspaper?（新聞はいかがですか）と回ってくる。読みたい新聞や雑誌があれば、May I〈Do you〉have *Time*?（『タイム』誌をもらえますか／がありますか）のようにいえばよい。

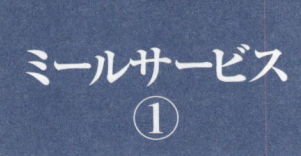

⑥ どんな飲み物／食べ物があるかたずねる
What kind of soft drinks do you have?
(ソフトドリンクは何がありますか)

⑦ 無料かどうかたずねる
Is it free?
(無料ですか)

⑧ 使える通貨をたずねる
Can I use Japanese yen?
(日本円が使えますか)

⑨ 何の料理にするか希望をいう
Chicken, please.
(チキンをください)

⑩ あとで食べたいと頼む
Could I have it later?
(あとでいただけますか)

Chapter 1 ● 機内

What would you like to drink 〈have〉? (何をお飲みになりますか/お召し上がりになりますか)と聞かれたら、こういってまず何があるかたずねよう。soft drinks を beer や wine、Scotch などに置き換えれば広く応用できる。What do you have? (何がありますか)なら、食べ物にも飲み物にも使える。

航空会社や路線によってはアルコール類が有料のこともあるので、注文する前にこういって確かめよう。Is there a charge? (有料ですか)という聞き方もできる。有料なら、How much is the Scotch? などと値段を聞いて注文するか、または I don't need it, then. とか、I'll pass. といって断ればよい。

Can I pay with Japanese yen? と聞いてもよい。おつりは違う通貨でほしいときは、Can I get change in UK pounds? (イギリスポンドでおつりをいただけますか)のようにいう。Can you include some small change? (小銭を混ぜてくれませんか)とコインをもらっておくと、着いてから便利だ。

Chicken or beef? (チキンになさいますか、それともビーフに?)と聞かれたら、このように答える。I'll have fish. (魚にします)のように答えてもよい。また、Do you still have beef? (まだ、ビーフがありますか)などと、ほしいものがまだ残っているかどうか聞いて注文することもできる。

食べたくないときは無理しないで、こう聞いてみよう。理由は、I have no appetite. (いま食欲がなくて)とか、I'm very sleepy now. といえばよい。食べたくなったら、Could I have my lunch 〈meal〉 now? I didn't take it before. (さっき食べなかったので、いまいただけますか)と頼もう。

ミールサービス ②

⑪ 届いた食事を確認する

Is this a vegetarian meal?
(これは、ベジタリアン用の食事ですか)

⑫ 注文と違うものが届いたと訴える

Excuse me. I asked for beef.
(すみません、ビーフを頼んだのですが)

⑬ お代わりを頼む

Can I have another white wine?
(ワインをもうひとつください)

⑭ お代わりを勧められて答える

I've had enough. Thank you.
(十分いただきました。ありがとう)

⑮ トレーを下げてもらう

Can you please take this away?
(これを下げてくれませんか)

Chapter 1 ● 機内

スペシャルミールを頼んだ場合は、届いた食事をこういって確認しよう。スペシャルミールには、このほか low-sodium meal (減塩食)、salt-free meal (無塩食)などもある。航空券を購入する時点で、Could I reserve a salt-free meal? などとオーダーを入れて試してみてはいかがだろう。

アルミホイルのカバーを外してみたら中身がチキンだった、などというときは、こういって取り替えてもらおう。asked for の代わりに requested も使える。もし足りないものがあれば、I don't have salt and pepper 〈a fork〉.(塩と胡椒/フォークがありません)のようにいって、持ってきてもらおう。

単に Another white wine, please. といってもよい。つぎ足してもらうときは、Can I have more coffee 〈green tea〉? (コーヒー/お茶をもう少しください)という。それまで飲んでいたものと違うものを頼むときは、Can I have bourbon this time? (今度はバーボンをください)のようにいう。

Would you like more coffee? (コーヒーをもう少しいかがですか)と聞かれて、もうほしくないときはこういえばよい。簡単に No, thank you. でもよい。もっとほしいときは、Yes, please. だ。小さな一言だが、thank you や please を付け加えると、相手に与える好感度がぐっと増す。

食事のあとでトイレに行きたくてもトレーの載ったテーブルが邪魔で席を立てない、といった場合に役立つのがこの表現。Could you take my tray away? といってもよい。トレーは下げてほしいが、コーヒーだけは残しておきたいといった場合は、But can I keep this? (これは置いといていいですか)という。

機内サービス

⑯ 映画を観る
What's the movie today?
(きょうは、映画は何ですか)

⑰ 席を替わる
Can I change seats for a while?
(しばらく席を替わってもいいですか)

⑱ 機内販売を利用する
Can I still buy duty-free items?
(免税品はまだ買えますか)

⑲ 飛行機に酔って薬をもらう
Excuse me, but I feel sick.
(すみません、気分が悪いんです)

⑳ 器具の使い方をたずねる
Can you tell me how to turn on the reading light?
(読書灯のつけ方を教えてくれませんか)

Chapter 1 ● 機内

in-flight movie（機内映画）については in-flight magazine（機内誌）に書いてあるが、変更もある。変更のアナウンスを聞き逃したら、直接フライトアテンダントにこうたずねよう。イヤホンをもらっていなかったら、Could I have a pair of earphones? といって持ってきてもらう。

Is it OK to change seats? といってもよい。理由は、I can't see the screen from here very well.（ここからはスクリーンがよく見えないので）とか、I want to sit with ⟨next to⟩ my friend.（友だちといっしょに座りたいので）などのようにいう。

映画のあとであるのが in-flight sales（機内販売）だ。これは duty-free/tax-free（免税）だから、Could I have this pearl brooch ⟨two cartons of Seven Stars⟩?（この真珠のブローチ／セブンスターを2カートンください）と、日本のものを買っておけば、いいおみやげになるだろう。

差し迫っているときは、I'm going to throw up ⟨vomit⟩.（吐きそうです）とはっきりいおう。そうならないうちに、Do you have any pills ⟨medicine⟩ for airsickness?（乗り物酔いの薬はありませんか）と聞いておこう。ちなみに、「ゲロ袋」は airsickness bag という。

頭上の送風を調節したければ How do I adjust the air-ventilation? と、シートが倒れないときは How do I recline the seat? と聞く。最近は電話が付いている飛行機もある。かけてみたい人は How can I make a call on this telephone?（この電話はどうやってかけるのですか）とたずねよう。

着陸間近

㉑ 機内放送の内容をたずねる

What did she say in the announcement?

(いま、アナウンスで何といいましたか)

㉒ 到着時刻をたずねる

Are we arriving on schedule?

(予定どおりに到着しますか)

㉓ 空港からの交通手段をたずねる

What's the best way to get downtown from the airport?

(空港からダウンタウンに行くいちばんいい方法は何ですか)

㉔ 税関申告書の書き方をたずねる

How do I fill out this form?

(この書類はどう記入すればいいんでか)

㉕ 飛行機を降りる

Thank you. I enjoyed the flight.

(ありがとう。楽しい旅でした)

Chapter 1 ● 機内

着陸前の機内アナウンスは、We are now landing at the . . .(ただ今から〜に着陸いたします)とか、The weather in Chicago is . . .(シカゴの天候は〜)など、全部聞き取れなくても察しのつくものが多い。しかし、肝心なことを聞き逃しているかもしれないから、このように聞いてみたほうがよい。

たとえ空港に人が待っていなくても、到着時刻(arrival time)は気になるものだ。すでに遅れていることがわかっていれば、How many hours are we delayed 〈behind schedule〉?(何時間の遅れになりますか)といって聞くことができる。予定より早ければ ahead of schedule を使う。

こう聞いて現地の交通について情報を得ておけば、空港に着いたらすぐに動きが取れるだろう。乗り換え便のある人(transit passenger)は、How 〈Where〉 do I change flights?(どうやって/どこで飛行機を乗り換えればいいですか)とたずねておこう。

食事や映画が終わると、フライトアテンダントが immigration form(出入国カード)と customs declaration form(税関申告書)を持って回ってくる。書いてある質問の意味がわからないときは、What does this mean? と聞けばよい。

さあ、ついに着陸。飛行機の出口で Have a nice day. Goodbye. と挨拶するフライトアテンダントには、こういって返そう。I had a pleasant flight.(快適な旅でした)というのもよい。特に世話になったフライトアテンダントには Thank you very much for your service. とお礼をいおう。

SKITS

SKIT 1   すみません。そこは私の席だと思うのですが

Stewardess(S): Watch your step, please.
Akiko: Isn't this exciting?
Masao: I'm sure it is for you, since you've never been on a plane before.
Akiko: Well, you've only been on a plane twice, Mr. Frequent Flier.
S: May I see your boarding pass?
Masao: Yes, here you are. Which way should I go?
S: Down this aisle, to your right.
Akiko: And where's my seat?
S: Let's see . . . It's next to this gentleman's.
Masao: (whispers to Akiko) Of course it is. Our seats are together, remember?
Akiko: I just thought it'd be fun to ask.
(a minute later)

SKIT 1

スチュワーデス(S)：足元にお気をつけくださいませ。
明子：わくわくするわね。
正夫：そうだろうね。君は一度も飛行機に乗ったことないから。
明子：あら、あなただって２回だけじゃない？ フリークエント・フライヤーさん。
S：搭乗券を拝見させていただけますか。
正夫：はい、これです。席はどこでしょう？
S：この通路をずっと行って、右側です。
明子：私の席は？
S：えーっと、このお客さまのお隣になります。
正夫：(小声で明子に)当たり前だろ。ぼくらはいっしょなんだから。
明子：ちょっと聞いてみるのも面

Chapter 1 ● 機内

Masao: Here they are ... 24B and 24C. Excuse me, sir, but I think you're sitting in my seat.
Passenger(P): Oh, you're in 24C?
Masao: Yes.
P: Actually, my seat is 24A, the window seat. But I wonder if you'd mind switching. You see, I get airsick easily, and if I have an aisle seat, I can go ...

白いと思ったんだもん。
(1分後)
正夫：あった、ここだよ。24Bと24C。すみません、あなたが座ってらっしゃるのは私の席だと思うんですが。
乗客(P)：ああ、あなた24Cですか。
正夫：そうです。
P：実は私の席は窓際の24Aなんですが、よかったら替わっていただけませんか。すぐ飛行機に酔ってしまうんですよ。もし通路側の席に座っていれば……。
正夫：どうぞ、どうぞ、お座りください！（明子に耳打ちして）やったあ、窓際の席だ！
明子：よかったわね！

SKIT 2

S：お飲み物はいかがでしょうか。

Masao: Oh, by all means take it! (whispers to Akiko) Great! Now I get the window!
Akiko: *You* do!

SKIT 2 飛行機の中ではいつも靴が小さくなるの？

S: Something to drink?
Akiko: What kind of soft drinks do you have?
S: Coke, Sprite, ginger ale . . .
Akiko: Ginger ale, please. (to Masao) I'm really thirsty. The air is so dry in here.
Masao: It's always like this on planes.
Akiko: Oh. (pause) Do your shoes always get smaller on planes, too?
(a few minutes later)
S: What would you like, beef or chicken?
Akiko: Chicken, please.
Masao: I'll have the beef.
S: And you, sir?

明子：ソフトドリンクは何がありますか。
S：コーラにスプライト、ジンジャーエール……。
明子：ジンジャーエールください。（正夫に）すごく喉が乾いたわ。空気がとても乾燥してるのね。
正夫：飛行機の中はいつもこうだよ。
明子：あら？　飛行機の中では靴もいつも小さくなるの？

（数分後）
S：ビーフになさいますか、チキンになさいますか。
明子：チキンをお願いします。
正夫：僕はビーフ。
S：そちらさまは？
P：えー、後でいただけますか。どうもいまあまり気分がよくなくて……。
明子：（小声で）あーあ。

Chapter 1 ● 機内

P: Uh . . . Can I have my meal later? I don't feel so good right now.
Akiko: (whispers) Uh-oh . . .

SKIT 3 あっ、毛布と枕だ。ありがたい！

P: Miss, can I change my seat for a while? I'd like to be a little closer to the t . . .
S: Of course.
Masao: Gee, I hope he's OK.
Akiko: Well, now we can spread out a little. (to S) Miss, could I have a blanket and pillow, please?
S: Sure.
(P returns)
P: Somebody's smoking back there. Cigarette smoke makes me feel even worse.
(Stewardess returns with a blanket and pillow)
P: Oh, a blanket and pillow! Thanks.

SKIT 3

P：しばらく席を替わってもいいでしょうか？ もう少しト……の近くに……。
S：どうぞ。
正夫：あーあ、あの人だいじょうぶだといいが。
明子：でも、ほら、すこし手足が伸ばせるわ。(Sに)すみません、毛布と枕をいただけませんか。
S：はい。
(Pが戻ってくる)
P：後ろのほうではタバコを吸ってる人がいるんですよ。タバコの煙で、よけい気分が悪くなるりそうで……。
(Sが戻ってくる)
P：あっ、毛布と枕、ありがとう。

旅は道連れ
積極アプローチ

　長いフライトの間、あなたのおしゃべりにつき合ってもらう候補者は、まず隣の席の人。したがって、搭乗してシートナンバーを頼りに自分の席を見つけたら、隣に座っている人(あるいは後から乗ってきて隣に座る人)に、Hi! We seem to be neighbors. (やあ、お隣同士のようですね)と声をかけよう。ここで、ひとこと挨拶を交わしておくことが、飛行中の会話をスムーズに運ぶための大切な布石となる。

　そのあとは、「きょうの飛行機は混んでますね」などと、状況に応じてさりげなく話かけていくのだが、What's the purpose of your trip to Sydney? (シドニーにはどんなご用で?)などと相手のほうから質問してくるようになると、もうシメタもの。ふたりの間のコミュニケーションの土台はすでに築かれたことになる。食事中、睡眠のあと、映画を見たあとでと、自然にことばが交わせるだろう。

　たまたま隣に乗り合わせた偶然から生涯続く友情が芽生えることだってありうる。「旅は道連れ」というではないか。眠そうなふりをしていても、相手だって退屈しているかもしれないのだ。勇気を持って話しかけてみよう。

積極度1(★)	簡単なあいさつ程度。これくらいは、隣に座ったらいうのが当然。
積極度2(★★)	相手の返事を想定して話かける。多少テクニックが必要。
積極度3(★★★)	失礼にならないように気をつけて、多少、立ち入ったことも聞いてみよう。かえって話がはずむかもしれない。

Chapter 1 ● 機内

★ 出発が遅れているとき、隣の乗客に
You: I wonder when we're departing.
Passenger: I know. The flight is already twenty minutes late.
You: I was in such a hurry to check in, and now . . .
あなた：いつになったら出発するんでしょうね。
乗客：そう、もう20分も遅れてますね。
あなた：あんなにあわててチェックインしたのに……

★「きょうの飛行機は混んでいますね」と、隣の乗客に
You: The plane is crowded today, isn't it?
Passenger: Yeah. It's almost completely full.
You: It's spring vacation now, and many Japanese students are going abroad . . . just like me, I guess.
Passenger: Where are you going?
あなた：きょうは飛行機、混んでますね。
乗客：ええ、ほとんど満席ですね。
あなた：いま春休みだから、私のように海外旅行に行く日本人学生が多いんでしょう。
乗客：どこへ行らっしゃるのですか。

★★ フライト中、イギリスに帰るところらしい男性に
You: Excuse me, do you know the local time in London now?
Passenger: Yes, just a moment . . . Um, it's almost midnight there.
You: Thank you. That means it will be early morning when we arrive. Do you think I can take

the subway for downtown?
Passenger: You shouldn't have any problem. The subway starts running at 5 a.m., and . . .
あなた：すみません、ロンドンはいま何時かご存じですか。
乗客：ええ。えーと、もう真夜中ですね。
あなた：ありがとうございます。というと、着くのは早朝になりますね。ダウンタウンまで地下鉄に乗れるかしら。
乗客：だいじょうぶ。地下鉄の始発は5時ですから。それに……

★★★ ビジネスマンらしいアメリカ人に

You: Are you from the United States?
Passenger: Yes.
You: What do you do in Japan, if I may ask?
Passenger: I come to Japan a few times a year on business. This time I'm looking for clients who might be interested in selling Buffalo chicken wings in Japan.
You: Buffalo chicken wings? Are you from Buffalo?
あなた：アメリカの方ですか。
乗客：そうです。
あなた：日本でのお仕事をおたずねしてもいいですか。
乗客：日本には年に数回、仕事で来るんです。今回は顧客開拓です。バッファロー・チキンウイングスを日本で売ってもらうために。
あなた：バッファロー・チキンウイングスですって？　バッファローの方ですか。

Tips for Trips

機内に入ったら、そこは目的地だと思え

　賢い旅行をするために、「機内に入ったら、そこは目的地だと思え」というアドバイスがある。これは、いろいろな解釈が可能だ。

　たとえば、同じ飛行機には、日本人だけでなく、これから訪問する国の人や他の外国人も多いのだから、日本にいるときのような安易な気分は捨て、目的地に着いたつもりでエチケットを守ろう——と、そんな解釈がひとつだ。

　また、このアドバイスは、時差ボケ(jet lag)対処法として受け取ることもできる。つまり、機内に入ったらすぐに時計を目的地の時間に合わせ、そこでの睡眠や食事のパターンに体を合わせておくと、着いてから時差ボケが早く解消できる、という解釈だ。

●機内乗務員にも気配りを

　機内で乗客の世話をするのは、女性の場合はスチュワーデス(stewardess)、男性の場合はスチュワード(steward)とこれまで呼ばれてきたが、最近はフライトアテンダント(flight attendant＝機内乗務員)という中性名詞が定着してきている。ところで、一見、華やかに見えるこの職業、実際にはたいへんな重労働だ。

　密閉された空間で、乗客にいつも笑顔でサービスをし続けるのは並大抵のことではない。しかも、乗客の中には変わり者や気難し屋がいたり、精神的あるいは肉体的に変調をきたす人も出てくる。また、機内では、予想もつかないハプニングが起こることもある。そうかと思うと、何を間違えたの

か、スチュワーデスを「ネェちゃん」呼ばわりする乗客もいるという。

お客としては、「高い料金を払っているんだから」と大きい態度に出たいところなのだろうが、乗務員たちもけっこうたいへんな思いをしているのだ。やはり、機内でも旅先同様、エチケットをわきまえ、相手が誰であろうと、思いやりと気配りの精神で接したいものだ。

● 時差ボケとの闘い

よく、飛行機に乗ったらすぐシャンパンか何かをガブ飲みして寝てしまう、という人がいる。しかし、ある「時差ボケ解消法」の本によると、機内ではカフェインとアルコール類はなるべく控えたほうがいいそうだ。アルコールなしでは眠れないという人は、読んでいると眠くなるような退屈な本を1冊用意して行くとよいかもしれない（ただし、本書は、その役には立たないだろう）。

しかし、また、機内で時差を調節しようとがんばりすぎても、かえって緊張してしまい、逆効果のこともある。機内で調整がうまくいかなかったら、現地でがんばればいい。旅先では、極力そこの時間に合わせて行動し、昼間は数時間太陽に当たるようにしよう。また、歩くのもたいへんいいらしい。

● 時差ボケの各種症状

ところで、時差ボケの症状や重さは、個人差が大きいものだという。低血圧の人のほうが時差ボケになりにくいとか、いろいろなことがいわれているが、実際のところは定かでない。

一般的な時差ボケの症状には、昼間の眠気(sleepiness)や倦怠感(fatigue)、不眠症(insomnia)、消化不良(indigestion)、イライラ(irritation)、頭痛(headache)、筋肉痛(muscle pain)、むくみ(swelling)などがある。この中のひとつやふたつは海外旅行に出かけたことのある人なら誰でも経験したことがあるはずだ。

●「靴がはけない」症候群

　機内で起こる恐るべき現象のひとつに、「靴がはけない」症候群というのがある（実際には足がむくんでそうなるのだが、「靴が小さくなった」ともじって、"My Shoes Have Shrunk!" Syndrome とでも名付けておこうか）。

　ときどき旅行のガイドブックに、「機内では、スリッパにはきかえてリラックスしよう」と書いてあったりするが、実は、長時間この状態を続けていると、あとで思わぬ事態に遭遇する。到着前に靴にはき替えようとして、足が入らないことがよくあるのだ。真冬のニューヨークから細めのブーツをはいて飛行機に乗り、成田に着いたときたいへんな目にあった女性など、そのいい例だ。

　実は、この足のむくみも時差による体調の変化が原因だという説がある。しかし、単純に考えても、身動きのできない座席に長時間座り続けて、血がみんな足のほうに行ってしまうのだから無理もない。また、機内は空気が乾燥しているのでのどが乾く。のどが乾けば水物を飲む。足はもちろん、身体全体が水でブヨブヨになっているのではないか、と考えてもおかしくはないかもしれない。

　いずれにせよ、旅行には、はきやすい靴と快適な服でお出かけになることをお勧めする。

（高橋朋子）

写真協力：シンガポール航空

Chapter 2
空港

Chapter 2 ● Airport

空港

KEY EXPRESSIONS

　ついに、目的地の空港に到着。そして、まずは入国審査。誰もが多かれ少なかれ、緊張する瞬間です。そのあとは、手荷物を受け取って税関申告。こういった一連の入国手続きに不慣れな人も、この Chapter 2 の KEY EXPRESSIONS に出てくる表現を覚えておけばだいじょうぶ。

　ほかにも、空港のインフォメーション・カウンターで街の地図をもらったり、市街地への交通手段をたずねたり、また現地通貨に両替したりと、空港内で用を足すときに必要な表現が順次紹介してあります。必要に応じて KEY EXPRESSIONS を上手に使い、異国での第一歩を自信を持って力強く踏み出してください。

入国審査・通関

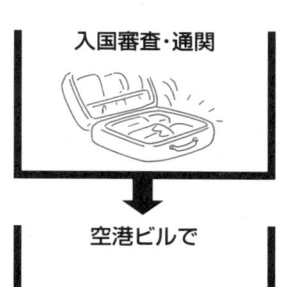

① 並ぶ列を確認する
② 滞在目的を告げる
③ 滞在期間／滞在先を告げる
④ 手荷物を受け取る
⑤ 税関で申告の有無を告げる

空港ビルで

⑥ 乗り継ぎ便に荷物を預ける
⑦ ポーターに荷物を運んでもらう
⑧ 空港ビル内の場所をたずねる
⑨ 空港案内で情報を得る
⑩ 両替をしてもらう
⑪ 呼び出しをしてもらう
⑫ 待っている人に電話を入れる
⑬ 電話のかけ方を教えてもらう
⑭ 交通手段／料金／所要時間を聞く
⑮ バス／電車の行き先を確認する

KEY EXPRESSIONS
基本編

Is this the line for non-residents?
(これは非居住者のための列ですか)

入国審査で列を確かめる表現。手荷物受取所では、Is this the baggage claim area for JAL 123? のように聞く。

I'm here for sightseeing.
(観光のために来ました)

滞在目的は、ほかに on vacation（休暇で）、on business（仕事で）、to see a friend（友だちに会いに）と告げる。

Chapter 2 ● 空港

I have nothing to declare.

（申請するものはありません）

税関申告するものがないときは、これでオーケー。申告するものがあるときは、申告書に記入した品物を見せる。

Can you change this into dollars?

（これをドルに両替してくれませんか）

into のあとに両替を希望する通貨の複数形を続ければよい。イギリスポンドに替えるのならinto U.K. pounds となる。

入国審査 通関

① 入国審査：並ぶ列を確認する

Is this the line for non-residents?
（これは、非居住者のための列ですか）

② 入国審査：滞在目的を告げる

I'm here for sightseeing.
（観光です）

③ 入国審査：滞在期間／滞在先を告げる

I'll be here for two weeks.
（2週間滞在します）

④ 手荷物を受け取る

Is this the baggage claim area from British Airways 123?
（ここは英国航空123便の手荷物受取所ですか）

⑤ 税関で申告の有無を告げる

I have nothing to declare.
（申告するものはありません）

Chapter 2 ● 空港

外国人訪問者を審査する窓口には、Non-residents または Aliens などと表示してある。どの列に並んでいいかわからないときは、こう聞いて確認しよう。家族がいっしょの場合は、We are together.（私たちはいっしょです）と審査官にいえば、一度に入国審査をしてもらえるだろう。

What's the purpose of your visit?（訪問の目的は？）と聞かれたら、こう答えよう。ほかに、I'm here on vacation 〈on business/to attend a conference/to see my friend/to study〉（休暇で／仕事で／会議に出席するため／友だちに会いに／留学のため来ました）などと答えるケースもあるだろう。

How long are you going to stay in this country?（この国にどれくらい滞在の予定ですか）と聞かれたら、このように答えよう。Five days. のように簡単に答えてもよい。Where are you going to stay? と滞在先を聞かれたら、At the Royal Hotel.（ロイヤルホテルです）などと答えればよい。

こう確認して待ち、回転コンベア（carousel）に自分の荷物が見えたら、Excuse me, can I get in here? I saw my bag.（すみません、通してください。荷物が見えたので）といって前の列に割り込もう。その前に、Where can I get a cart?（カートはどこですか）と聞いてカートを1台用意しておくと便利だ。

手荷物の中身が服と身の回りの物だけなら、I just have clothes and personal belongings 〈items〉. といえばよい。免税の枠を超えてタバコや酒類を持ち込むときは、I have five bottles of whisky.（ウイスキーが5本あります）などといって記入した申請書を渡す。

空港ビルで ①

⑥ 乗り継ぎ便に荷物をチェックインする
I have a connecting flight on Northwest 234. Where do I check in my baggage?
(ノースウエスト航空234便に乗り継ぐのですが、手荷物はどこでチェックインするのですか)

⑦ ポーターに荷物を運んでもらう
Yes, thank you. This is going to the American Air check-in counter.
(アメリカ航空のチェックインカウンターまでお願いします)

⑧ 空港ビル内の場所をたずねる
Where is the information counter?
(インフォメーション・カウンターはどこですか)

⑨ インフォメーション・カウンターで情報を得る
Do you have maps of the downtown area?
(ダウンタウンの地図はありませんか)

⑩ 両替をしてもらう
Can you change this into dollars, please?
(ドルに交換してくれませんか)

Chapter 2 ● 空港

Where is 〈Where can I find〉 the American Airlines check-in counter? (アメリカ航空のチェックインカウンターはどこですか)のように聞いてもよいが、transit (トランジット／通過)の場合の手荷物は、空港の係員が直接積み替えてくれることもあるので、まずこのように聞いてみよう。

これは、sky cap (ポーター)に Shall I take your luggage? (荷物をお持ちしましょうか)と聞かれたときの答えの例。... to the taxi stop (タクシー乗り場まで)と頼むこともあるだろう。必要なければ、No, thank you. I can manage it myself. (ひとりで大丈夫です)と断わればよい。

Where can I find the information counter? と聞いてもよい。このほか、空港内には、bus depot (バス発着所)、foreign exchange (両替所)、ticket office (切符売場)、pay phone (公衆電話)、rent-a-car office (レンタカーオフィス)、restroom (トイレ)などがある。

地図を受け取ったら、Can you show me where the Park Hotel is on this map? (この地図でパークホテルはどこだか教えてくれませんか)と目的地を確認しておこう。もし、宿泊先が決まっていなければ、I need accommodations for tonight. (今夜、泊まるところが必要なのですが)と相談しよう。

このとき、Could you include some small change? (小銭を混ぜてくれませんか)といって小銭をもらっておくと、チップをあげたり、電話をかけるとき便利だ。その日の交換レートは、What's the exchange rate today? とたずねる。空港の交換レートは銀行より高めのことが多い。

空港ビルで ②

⑪ 呼び出しをしてもらう

Where can I have someone paged?
(呼び出しはどこでやってもらえますか)

⑫ 待っている人に電話を入れる

I've just arrived at the airport. I'll be there by six o'clock.
(いま空港に着きました。6時までにはそちらに参ります)

⑬ 電話のかけ方を教えてもらう

Can you tell me how to make a local call?
(市内電話のかけ方を教えてくれませんか)

⑭ 交通手段／料金／所要時間をたずねる

How do I get to the Hotel Ritz?
(リッツホテルにはどうやって行くのですか)

⑮ バス／電車の行き先を確認する

Does this bus stop at the Marriott?
(このバスはマリオットホテルに止まりますか)

Chapter 2 ● 空港

大きな空港で待ち合わせるときは、at the Hertz Rent-A-Car office (ハーツレンタカーのオフィスのところで)などとわかりやすい場所を指定しておこう。それでも見つからないときは、呼び出しカウンターを探して、Could you page my friend for me? (友だちを呼び出してもらえませんか)と頼もう。

待っている人がいれば空港からすぐ電話を入れよう。「40分でそちらに着きます」なら I'll be there in forty minutes. だ。迎えに来てほしいときは、Can you come and pick me up? I'll be waiting at the No.3 bus stop. (迎えにきてくれませんか。3番バス乗り場で待っています)と頼もう。

市外電話なら a long distance call、コレクトコールなら a collect call となる。通話料金は、How much is it for ⟨to make⟩ a local call? (市内電話はいくらですか)とたずねる。もし電話が壊れていたら、Where can I find another pay ⟨public⟩ phone? と聞いて他の電話を探そう。

タクシーで行くのであれば、About how much does it cost to get to ABC Hotel by taxi? (ABC ホテルまでタクシーでいくらくらいですか)と料金も聞いておこう。所要時間は、How long does it take to get there by taxi ⟨bus⟩? (タクシー/バスでどれくらいい時間がかかりますか)とたずねる。

バスに乗るとき運転手にこう聞いておけば安心。Do you stop at . . . ? と聞いてもよい。空港駅のプラットホームで次の電車や地下鉄を待つときは、Does the next train stop at Green Park? (次の電車はグリーンパークで止まりますか)のように確かめよう。

SKITS

SKIT 1   彼女の服を運んでいるだけです

Immigration officer (I): Next.
Akiko: (hands over her passport) Here you are.
I: Is this your final destination?
Akiko: No. We'll be here for three days, then we're going on to New York and New Orleans.
I: What's the purpose of your visit?
Akiko: We're here for sightseeing.
I: How long are you going to stay in this country?
Akiko: For two weeks.
I: Where are you staying in San Francisco?
Akiko: We're staying at the Bay View Hotel.
I: OK. Enjoy your stay.
Akiko: We will. Thank you.
(Akiko joins Masao)

SKIT 1

入国審査官(I)：次の方。
明子：(パスポートを渡して)はい、どうぞ。
I：ここが最終目的地ですか。
明子：いいえ、ここには3日滞在して、それからニューヨークとニューオリンズに行く予定です。
I：滞在の目的は？
明子：観光です。
I：この国にはどれくらい滞在する予定ですか。
明子：2週間です。
I：サンフランシスコではどこに泊まりますか。
明子：ベイビュー・ホテルに泊まります。
I：いいでしょう。では、よいご滞在を。

Chapter 2 ● 空港

Akiko: That didn't take long, did it? I spent all that time preparing, and he hardly asked me any questions.
Masao: Well, just think how much longer his job would take if he asked one more question to each person. C'mon, let's hurry and get our baggage. We have to go to Customs Declaration next.
(at Customs Declaration)
Customs officer (C): Anything to declare?
Akiko: No, I just have personal belongings.

明子:ええ、ありがとう。
(明子、正夫と合流する)
明子:簡単なものね。あんなに準備に時間をかけのに、ほとんど何も聞いてくれなかったわ。
正夫:もし、ひとりにあと1問ずつ質問してたら、どんなに仕事が長くなるか考えてもごらん。さあ、早く荷物を取りに行こう。次は税関だ。

(税関で)
税関の係員(C):何か申告するものは?
明子:ありません。身の回りのものだけです。
C:あなたは? 何かありますか。
正夫:何もありません。彼女の服の残りを運んでるだけです。
C:ホントですか。

C: What about you? Do you have anything to declare?
Masao: No, nothing. I'm just carrying the rest of her clothes.
C: Oh, really?
Masao: Yeah (sighs).

SKIT 2 私、ついに英語でコミュニケートしてるんだわ！

Akiko: Excuse me, do you have maps of the downtown area?
Information counter employee (E): Yes, we do. Here's two.
Akiko: Thank you.
(Akiko and Masao look at the map)
Masao: (to E) Can you show me where the Bay View Hotel is?
E: Yes ... (pointing on the map) It's right here.
Akiko: About how much does it cost to go

正夫：ホントです（ため息をつく）。

SKIT 2
明子：ダウンタウンの地図がありますか。
案内所の職員（E）：ございます。はい、2枚。
明子：ありがとう。
（明子と正夫、地図を見る）
正夫：(Eに)ベイビュー・ホテルはどこか教えてくれませんか。
E：ええ、（地図を指して）ちょうどここです。
明子：ここからタクシーで、いくらぐらいですか。
E：おそらく、少なくとも25ドルはかかりますね。ホテルまで行くシャトルバスをお勧めします。それなら7ドルしかかかりませんか

Chapter 2 ● 空港

there by taxi?
E: It's probably at least twenty-five dollars. I recommend you take a shuttle bus to the hotel. It's only seven dollars.
Masao: Where can we catch the bus?
E: It's just outside that door. Go to the bus stop marked Number 3. That bus will take you to the Bay View Hotel.
Akiko/Masao: Thank you very much.
E: You're welcome.
(Akiko and Masao head for the bus stop)
Akiko: Masao, I'm so excited.
Masao: Because you're traveling with such a good-looking, intelligent man-of-the-world on this trip?
Akiko: No, because I'm finally communicating in English with real English-speaking people in an English-speaking country!

ら。
正夫：バスはどこで乗ればいいんですか。
E：あのドアを出てすぐのところです。3番のバス停に行ってください。それに乗ればベイビュー・ホテルにまいります。
明子／正夫：どうもありがとうございました。
E：どういたしまして。

(明子と正夫、バス停に向かう)
明子：正夫、私、とても感激してるの。
正夫：世にもハンサムで、知性あふれる男と旅してるからかい？
明子：ちがうわよ。私、ついに英語の国で、ほんとに英語を話す人たちと、英語でコミュニケートしているんですもの！

袖擦り合うも他生の縁
積極アプローチ

　機内で思う存分おしゃべりを楽しんだ人も、あるいは機内ではあまり英語を話す機会がなかった人も、目的地に着陸。しかし、空港は旅人が行き交う場所だけに、のんびりとあなたの話に付き合ってくれる人はいないように見える。だが、あきらめるのは早い。空港や到着便によっては、入国審査や税関で飽き飽きするほど待たされることがある。ただ待っているだけのそんなとき、せめて雑談の相手でもいれば、と思うのはあなただけではない（ただし、この雑談を英語で行うためには、英語を話しそうな人がいる列を選んで並ぶ必要があるのは、いうまでもない）。

　空港での積極アプローチのチャンスは、また、乗り換え便（あるいは日本へ帰る便）を待つときにも訪れる。空港ターミナルで退屈しながら飛行機を待っている人をマークするのだ。特にお年寄りは概して話好きだし、話しかけて喜ばれるケースが多い。「袖擦り合うも他生の縁」だ。同じ時間帯に、同じ空港ビル内にいるというだけでけっこう気持ちの繋がりが持てて話に花が咲くものだ。

積極度1（★）	長い列に並んで待つときや、空いているバーなどでは、話しかけて嫌がられることはめったにない。安心して話しかけよう。
積極度2（★★）	同じ飛行機に乗るために待っている人には、行き先が同じだけに話しかけやすい。お年寄りは特に狙いたいアプローチの対象だ。

Chapter 2 ● 空港

★ 入国審査を並んで待つとき

You: This line is moving so slow.
Person behind: I know. It's always like this when I arrive.
You: Oh, do you come to Chicago often?
Person behind: Unfortunately, yes. Our head office is located here. How about you? Is it your first time here?
You: Yes. I'm here on vacation, and . . .

あなた：この列は遅いですね。
後ろの人：ええ。いつもこの調子ですよ、ここに来ると。
あなた：シカゴにはよくいらっしゃるんですか。
後ろの人：ええ、残念ながら。うちの会社の本社がここにあるんです。あなたは初めてですか。
あなた：はい、休暇を過ごしに。それから……

★ 空港ターミナルのバーで

Bartender: Can I get you another beer?
You: Yes—another Heineken, please. Kind of slow today, isn't it?
Bartender: It sure is. We were pretty busy yesterday, but today the place is dead. When does your plane leave?
You: Not for another hour and a half. I'm going to New York, and then . . .

バーテンダー：ビールをもう1本お持ちしましょうか。
あなた：じゃあ、ハイネケンをもう1本。きょうは何だかひまみたいですね。
バーテンダー：そうなんです。きのうはずいぶん忙しかったん

ですけど、きょうは静かなもんです。何時の飛行機ですか。
あなた：1時間半あとです。ニューヨークに行って、それから
……

★★ 搭乗口近くの待合室で老婦人に
You: Are you going to Florida, too?
Old woman: Yes. I'm going to visit my daughter and my granddaughter.
You: How nice! You must be looking forward to seeing them.
Old woman: Yes, I am. They used to live near me in California but moved to Florida two years ago. How about you? Are you traveling by yourself?
You: Yes, I am. I . . .
あなた：あなたもフロリダへいらっしゃるんですか。
老婦人：そう、娘と孫娘を訪ねていくの。
あなた：それはお楽しみですね。
老婦人：そうなんですよ。以前はカリフォルニアで近くに住んでいたんですけど、2年前フロリダに引っ越しましてね。あなたは？　おひとりで旅行？
あなた：そうです。私は……

Tips for Trips

出入国、ところ変われば……

　普段はあまり日本人であることを自覚したことがない人でも、海外旅行に出かけて、出入国の手続きをすると、「日本国」と書いたパスポートを手にしているせいもあるのだろうが、自分が日本国民であることをしみじみ感じたりするようである。

　成田で出国手続きを終えたら、もうそこは「外国」だ。ガラス越しに手を振る見送りの人たちを、何か妙な気分で眺めたり、「さあ、日本国民の名に恥じないようにがんばろう」と、少々大げさな気持ちになったりする一瞬だ。

　そして、いよいよ飛行機が最初の訪問地に到着すると、まずは入国手続き。誰もが多少なりとも緊張する瞬間だ。

　ところで、この入国手続きというのは、国によって、そのやり方や雰囲気がかなり違うようである。

● ドキドキのアメリカ入国

　何といっても緊張するのが、アメリカに入国するときだ。ここでは、実際に入国審査が厳しいこともあるが、やはり移民官の態度や外観(身体の大きい人が多い)、そして移民官が座っているブースの物々しさに圧倒されるのである。

　しかし、この入国審査の厳しいアメリカも、去る人にはそっけない。まず、空港には日本のような、出国手続きのための特定の場所がない。利用する航空会社のチェックインカウンターで、入国の際にパスポートにホチキスで止めてもらった出入国カード(I-94)の半分を取られるだけである。しかも、この出入国カード(Arrival/Departure Record)は、ア

メリカ市民と永住権を持つ人は記入する必要がないから、こういった人たちにとって出国の手続きはないに等しい。

● 陸路の入国

　島国の日本にとって、外国はみな海の向こうだ。しかし、ヨーロッパのように国同士が隣接している場合は、陸からの入国が可能だ。

　たとえば、スイスのジュネーブからちょっと足を伸ばせば、そこはフランス。ジュネーブの人たちは、「ちょっと買い物にいってきます」という感覚でフランスを訪れる。国境近くには、一応、検問所のようなものがあるが、中をのぞくと(特に夜遅いと)誰もいなかったりする。実際、ヨーロッパでは、国境を越えても、それほど外国という感じがしない。

　北アメリカでも同じような経験をすることができる。たとえば、アメリカからカナダへはハイウエーを使って入ることが可能だ。国境近くに住む人の中にはアメリカ、カナダ間を毎日車やバスで通勤、通学している人もいる。また、アメリカのほうがガソリンがずっと安いので、いつも国境を越えて給油するというカナダ人も多い。

● 船上の入国手続き

　入国手続きというのは、常に空港や陸上でしなければならないものではない。海の上でだって可能だ。

　たとえば、イギリスからフランスに船で渡るとき、フランスへの入国手続きは、イギリス海峡またはドーバー海峡の真只中、つまり船の上で行われる。

　この船上の入国手続きも、EC諸国の人たちの場合、きわめて簡単だ。外国へ行くという感じがあまりない。イギリスから自家用車ごとフェリーに乗り込んで、これからフランスでバケーションを過ごすという家族連れ、ちょっと買い物にいくというカップル、といった具合だ。船上の入国手続きは、雰囲気も実にゆったりとしていて、緊張感もなく、バケーション気分をさらに盛り上げてくれる。　　　　(高橋朋子)

Chapter 3
ホテル

Chapter 3 ● Hotel
ホテル

KEY EXPRESSIONS

　快適な宿を確保することは、快適な旅の基本条件。しかし、これは、まず予約の時点でどれだけ自分の希望を伝えられるかに関わってきます。シングル、ダブルといった部屋のタイプや宿泊料金についてだけでなく、静かな部屋、海に面した部屋などと希望を伝えておけば、着いてからがっかりすることは少ないでしょう。

　ところが、そういうふうに細心の注意を払って予約をしておいても、実際にチェックインしてみたら部屋に問題がある、といったことがあります。そんなときは黙って我慢しないで、事情を話して部屋を変えてもらいましょう。この Chapter 3 の KEY EXPRESSIONS が、そういったとき必ず役立つでしょう。

部屋の予約
① 部屋が空いているかたずねる
② 部屋の好みをいう
③ 宿泊料金をたずねる
④ チェックインタイムをたずねる
⑤ 予約を変更／キャンセルする

フロントで①
⑥ 予約を告げる
⑦ 予約名簿を調べてもらう
⑧ 予約なしで到着する
⑨ 部屋を見せてもらう
⑩ チェックイン開始前に到着する

フロントで②	⑪ 支払い方法についてたずねる
	⑫ 朝食についてたずねる
	⑬ チェックアウトタイムを確認する
	⑭ 貴重品を預ける
	⑮ 部屋に荷物を運んでもらう
ホテルの部屋で	⑯ 器具の使い方をたずねる
	⑰ チップを渡す
	⑱ 部屋について苦情をいう
	⑲ 隣の部屋が騒がしいと告げる
	⑳ 部屋を変えてもらう
	㉑ ドアのノックに応える
	㉒ メッセージを受け取る
	㉓ 病気／けがの際に助けを求める
	㉔ 鍵の置き忘れ／紛失を届ける
	㉕ 宿泊を延長する／短縮する
ホテルサービス	㉖ ルームサービスを頼む
	㉗ モーニングコールを頼む
	㉘ 部屋から電話をかける
	㉙ クリーニングを頼む
	㉚ セクレタリーサービスを利用する
チェックアウト	㉛ 部屋の時間延長をする
	㉜ 部屋に荷物を取りに来てもらう
	㉝ 支払いをする
	㉞ 請求書の不審点についてたずねる
	㉟ 荷物を預かってもらう

KEY EXPRESSIONS
基本編

I have a reservation.

(予約してあります)

予約してあるホテルに着いたら、フロントでの第一声はこれ。そのあとに自分の名前を(必要ならスペルも)続ける。

I'd like to pay with traveler's checks.

(トラベラーズチェックで払いたいんですが)

チェックインの時点で支払い方法を告げよう。カードで払うなら with a credit card、現金払いなら in cash だ。

Chapter 3 ● ホテル

The air conditioner doesn't work.
(エアコンが作動しません)
テレビやヘアドライヤー、シャワーなどが故障しているようなときも、doesn't work を使ってフロントに電話しよう。

I'm checking out.
(チェックアウトします)
チェックアウトのときは、フロントでこういって部屋の鍵を返せば、宿泊料金の合計を出してくれる。

部屋の予約

① 空いている部屋があるかたずねる

Do you have a room available for tomorrow night?
(明日の晩、空いている部屋がありますか)

② 部屋の好みをいう

I'd like a room with an ocean view.
(海の見える部屋がいいんですが)

③ 宿泊料をたずねる

What is the price of the room including tax?
(その部屋は税込みでいくらですか)

④ チェックインタイムをたずねる

What time can I check in?
(何時にチェックインできますか)

⑤ 予約を変更／キャンセルする

My name is Kimura. I'd like to cancel my reservation for Friday.
(木村と申します。金曜の予約をキャンセルしたいのですが)

Chapter 3 ● ホテル

こう聞いて空いていれば、I want to make a reservation for a <u>single</u> 〈double/twin〉 room.(シングル/ダブル/ツインを予約したいのですが)のように続ける。宿泊期間は、I'd like to stay <u>just one night</u> 〈two weeks〉.(一晩だけ/2週間泊りたいのですが)のようにいえばよい。

ほかにも、I'd prefer a room facing Central Park.(セントラルパークに面している部屋がいいんですが)とか、Do you have <u>a quiet room</u> 〈a room with a bath/a room on a higher floor〉?(静かな部屋/風呂付きの部屋/もっと上の階の部屋はありませんか)のように好みをいうことができる。

How much is the room ...?と聞いてもよい。予算が決まっているときは、I'm looking for a room for about HK$100.(100香港ドルくらいの部屋を探しています)のようにいう。高すぎるときは、Do you have anything less expensive?(もっと安いのはありませんか)とたずねてみよう。

When is the check-in time?と聞いてもよい。チェックインの開始時間はホテルによって異なる。こう確かめておいて時間を有効に使おう。ついでに、What's the best way to get to your hotel from the airport?(空港からそちらのホテルへは何で行くのがいちばんいいですか)とたずねておくとよい。

宿泊日の変更は、Can I change my reservation from August 11th to the 12th?(8月11日の予約を12日に変更できますか)のようにいう。部屋の変更は、Could I reserve two single rooms instead of a twin room?(ツインの代わりに、シングルをふたつ予約できませんか)のようにいえばよい。

フロントで ①

⑥ 予約を告げる

My name is Kimura. I have a reservation.

(木村と申します。予約してあるのですが)

⑦ 予約名簿に名前がないといわれて確認を求める

I'm sure I have a reservation. Could you check again?

(確かに予約してあります。もう一度調べてもらえませんか)

⑧ 予約なしで到着する

Do you have any vacancies tonight?

(今晩、空いていますか)

⑨ 部屋を見せてもらう

Could I see the room first?

(まず、部屋を見せてもらえませんか)

⑩ チェックイン開始前に到着する

Is it too early to check in?

(チェックインするには早すぎますか)

Chapter 3 ● ホテル

さらに詳しく、I called you from the airport two hours ago.（2時間前に空港から電話しました）とか、I made a reservation through JTB in Japan two weeks ago.（2週間前に日本のJTBを通して予約したのですが）のようにいえば、わかってもらいやすい。

旅行代理店を通して予約したのなら、This is the confirmation slip. といって予約確認票を見せれば、解決が早いだろう。調べてもらっても、やはりだめで空室もない場合は、Can you call a hotel near here and find a room for me?（近くのホテルに電話して部屋を探してくれませんか）と要求しよう。

motel（モーテル）やB&B（bed-and-breakfast＝朝食付き宿泊施設）では、よくvacancy（空き室あり）またはno vacancy（空き室なし）の看板が外に下がっているから、中に入って聞くまでもないだろう。Do you have any rooms available tonight? とたずねてもよい。

飛び込みで行って部屋を決めるときは、こういって部屋を見せてもらうとよい。気に入ればI'll take it.（この部屋にします）といい、気に入らなければDo you have any larger rooms 〈better rooms/rooms with a better view〉?（もっと広い／上等の／景色のよい部屋はありませんか）とたずねてみよう。

チェックイン開始前でも、部屋が用意されていればチェックインさせてもらえることがある。Can I check in now? と聞いてもよい。せめて荷物だけでも預かってほしいときは、Could you keep my luggage until I check in?（チェックインするまで荷物を預かってもらえませんか）と頼んでみよう。

フロントで ②

⑪ 支払い方法についてたずねる
Can I pay with traveler's checks?
(トラベラーズチェックで支払ってもいいですか)

⑫ 朝食についてたずねる
Does the price include breakfast?
(料金には朝食が含まれていますか)

⑬ チェックアウトタイムを確認する
When is the check-out time?
(チェックアウトは何時ですか)

⑭ 貴重品を預ける
I want to open a safety deposit box.
(セイフティーボックスを利用したいのですが)

⑮ 部屋に荷物を運んでもらう
Would you carry my suitcase to my room, please?
(スーツケースを部屋に運んでくれませんか)

Chapter 3 ● ホテル

Do you have any ID ⟨identification⟩? (身分証明書をお持ちですか)と聞かれたら、パスポートを見せればよい。クレジットカードで払いたいときは、Do you accept ⟨take⟩ VISA? (VISAカードが使えますか)のように聞こう。支払いがカードでなければ、預り金(deposit)を求められることも多い。

料金に朝食が含まれている場合は、翌朝のためにWhen and where can I have breakfast? (朝食はいつどこで食べられますか)と確認しておこう。ちなみに朝食には、大きく、コーヒーとパンだけのcontinental breakfastと、卵やベーコンなどもついたEnglish-styleのfull breakfastの2種類がある。

チェックアウトタイムを過ぎると追加料金を取られることがあるので、こう聞いて確認しておくとよい。また、翌朝早く出発するときは、Will you make up my bill tonight? (今晩、勘定を用意しておいてください)と頼んでおけば、チェックアウトに手間取らないだろう。

貴重品をsafety deposit box (宿泊客用の小型金庫)に預けるときは、書類に記入して自分用の金庫を用意(open)してもらい、その鍵をもらう。預けた物を取り出すときは、Could I have my safety deposit box? (私のセイフティーボックスをもらえませんか)といって鍵を渡し、そのための手続きをする。

部屋に着いたらベルボーイ(bellboy)に、Put the bag over here, and the suitcase in the closet, please. (鞄はここに、スーツケースはクローゼットへ)と置く場所を指定しよう。自分で運ぶならI'll carry them myself, thank you. (自分で運ぶので結構です)という。

ホテルの部屋で ①

---

⑯ 器具の使い方をたずねる

Where is the switch for this lamp?

(このランプのスイッチはどこですか)

---

⑰ チップを渡す

Thanks a lot.

(どうもありがとう)

---

⑱ 部屋について苦情をいう

This is Room 409. The air conditioner doesn't work.

(409号室ですが、エアコンが動きません)

---

⑲ 隣の部屋が騒がしいと告げる

The people next door are very noisy.

(隣の部屋がたいへんうるさいのです)

---

⑳ 部屋を変えてもらう

Could I move to a different room?

(別の部屋に変わることはできませんか)

Chapter 3 ● ホテル

ベルボーイが部屋にいるうちに、わからないことがあれば How do I turn on the TV〈shower〉? (どうやってテレビをつける／シャワーを出すのですか) とたずねよう。調節が必要なものは、How do I control〈adjust〉the volume〈temperature〉? (どうやってボリューム／温度を調節するのですか) と聞く。

いざチップを渡す段になると、何といって渡せばよいのか意外にわからないものだ。こういうときは Thank you very much. とか、左の表現にあるようにいいながら手渡せばよい。ベルボーイが Have a pleasant stay. (ごゆっくりどうぞ) といって部屋を出ていくときも、やはり Thank you. と返そう。

... doesn't work (～が作動しない) という表現は、こういうときのためにぜひ覚えておこう。ほかに、There is no water coming out of the shower〈faucet〉. (シャワー／蛇口から水が出ない)。The toilet won't flush. (トイレが流れない) といったケースもあるかもしれない。

The people in Room 238 are making a lot of noise. (238号室の客がたいへん騒がしいのです) と部屋番号を告げて訴えることもできる。夜遅くなら、I can't sleep. と訴えて、Could you please ask them to be quiet? (静かにするように頼んでくれませんか) とフロント (front desk) に頼もう。

部屋に不満がある場合は、こういって部屋を変えてもらおう。Would it be possible to move to another room? といってもよい。部屋に付いたタバコの匂いがいやな人は、Do you have any non-smoking rooms? (禁煙室はないですか) と聞いてみるとよい。

ホテルの部屋で ②

㉑ ドアのノックに応える

Who is it?

(どなたですか)

㉒ メッセージを受け取る

Are there any messages for me?

(私宛てにメッセージはありませんか)

㉓ 病気／けがの際に助けを求める

I'm very sick. Can you call a doctor?

(気分がひどく悪いのです。医者を呼んでくれませんか)

㉔ 部屋に鍵を忘れた／紛失したと届ける

I've locked myself out.

(部屋に鍵を置いたままドアを閉めてしまいました)

㉕ 宿泊を延長する／短縮する

I'd like to stay two more nights.

(もう二晩延長したいのですが)

ドアを開ける前に大きな声でこうたずねよう。頼みもしないのにIt's room service.(ルームサービスです)という返事なら、You must have the wrong room.(部屋違いでしょう)という。It's the maid.(メードです)という返事だったら、さらにWhat do you want?(用件は何ですか)とたずねよう。

フロントに届いている伝言は、自分の部屋番号をいってから、こうたずねる。ホテルによっては、伝言があると部屋の電話に付いているランプが点灯するようになっている。その場合はフロントに電話して、My message light is on.(メッセージライトがついているんですが)といえばよい。

症状がそれほどひどくなければ、Is there a pharmacy 〈a nurse on duty〉 in the hotel?(ホテル内に薬局はありませんか/看護婦はいませんか)とたずねてみよう。軽いケガをしたときは、Do you have any Band-Aids? といってバンドエイドをもらおう。

これはオートロックのドアで閉め出されたときの表現。I left my key in the room.(部屋に鍵を忘れました)といってもよい。続けて、Can you open 〈unlock〉 the door for me?(ドアを開けてもらえませんか)と頼もう。鍵をなくしたときは、I lost my key. とすぐフロントに連絡しよう。

Can I extend my stay till Monday night?(月曜の夜まで延長できますか)のように聞いてもよい。予約でいっぱいのときは、I'm sorry, but the hotel is all booked up. といった返事が返ってくるだろう。逆に滞在を短くするときにはI'm going to leave one day earlier.(1日早く発ちます)という。

ホテルサービス

㉖ ルームサービスを頼む
This is Room 236. I'd like to order room service.
(236号室です。ルームサービスをお願いします)

㉗ モーニングコールを頼む
Will you give me a wake-up call at seven o'clock tomorrow morning?
(明朝7時にモーニングコールをお願いします)

㉘ 部屋から電話をかける
I'd like to make an overseas call to Japan, please.
(日本に国際電話をかけたいのですが)

㉙ クリーニングを頼む
Can I have this cleaned by tomorrow morning?
(あすの朝までにこれをクリーニングしてもらえませんか)

㉚ セクレタリーサービスを利用する
Could you fax this to Tokyo?
(これを東京にファックスしてもらえませんか)

Chapter 3 ● ホテル

そして具体的に、Can I have a bottle of champagne sent up?（シャンパンを1本お願いします）とか、Would you send up two continental breakfasts at seven tomorrow morning?（明朝7時にコンチネンタルブレックファーストを2人分お願いします）などと注文する。

時間の変更は、I asked you to give me a wake-up call at seven tomorrow morning, but could you make it for six?（明朝7時にモーニングコールを頼んだのですが、6時にしてください）のように頼めばよい。日本のホテルでよく使われるmorning call は和製英語。

電話のかけ方は、Can you tell me how to make a local ⟨a long distance/an overseas⟩ call?（市内／市外／国際電話のかけ方を教えてください）とたずねる。交換手(operator)を通すと料金が高くなることが多いので、Can I call direct from my room? と、直通でかけられるか聞いてみよう。

クリーニングサービスがあるかどうかたずねるには、Do you have ⟨Is there⟩ a valet service in this hotel? だ。いつ仕上がるかは、If I send some laundry out now, when will I get it back?（いま洗濯物を出したら、いつ受け取れますか）と聞いて確認する。

ホテルによってはコピー、タイプなどのサービス(secretary service)をやっているので、Will you make three copies of this?（これを3部コピーをしてください）とか、Could I have this typed up by noon?（正午までにこれをタイプしてもらえませんか）などと頼める。

チェックアウト

㉛ 部屋の時間延長をする
May I use the room until three o'clock?
(3時まで部屋を使ってもいいですか)

㉜ 部屋に荷物を取りに来てもらう
I'm checking out. Can you send a bellboy up?
(チェックアウトしたいので、ベルボーイをよこしてくれませんか)

㉝ 支払いをする
I'd like to pay in cash.
(現金で支払いたいのですが)

㉞ 請求書の不審な点についてたずねる
What is this amount for?
(これは何の料金ですか)

㉟ 荷物を預かってもらう／タクシーを呼んでもらう
Could you keep my suitcase here until four o'clock?
(4時までスーツケースを預かってくれませんか)

Chapter 3 ● ホテル

延長料金は、How much will it be if I stay two more hours? (2時間の延長にはいくら払えばいいですか)などと聞く。ある程度のオーバータイムは無料で認めるホテルもあるで、Is there a grace period after check-out time? (チェックアウトに時間の猶予がありますか)とたずねてみるとよい。

I'm checking out. は、そのあとフロントに着いたときにも使える表現。Could you please take my bags down? (荷物を下ろしてくれませんか)とか、Could you help me with my suitcase? (スーツケースを運ぶのを手伝ってください)といってもよい。

How would you like to pay? (支払い方法はどうなさいますか)と聞かれたら、こういうか、I want to use these traveler's checks. (このトラベラーズチェックで)、I'll use my credit card. (クレジットカードで)などと答えよう。領収書をくれなかったら、I'd like a receipt, please. という。

請求書(bill)に覚えのない料金が付いてくることがあるので、その場で確認しよう。電話料金の間違いであれば、I didn't make any long distance calls. (市外電話はかけませんでした)のように指摘する。明細書が付いていなかったら、Can you give me an itemized bill? (明細をください)と要求しよう。

すぐに空港へ向かうのでなければ、こういって頼んでみよう。少し身軽に買物などできるだろう。タクシーを呼んでもらいたいときは、Can you call me a taxi? I want to go to the airport. (タクシーを呼んでくれませんか。空港へ行きたいので)といって頼む。

SKITS

SKIT 1 もう少し安い部屋はありませんか

(Masao calls a hotel)
Reservation clerk (R): Roosevelt Hotel. May I help you?
Masao: Yes. Do you have a room available for tomorrow night?
R: Yes, we still have a few vacancies left. What kind of room would you like?
Masao: I'd like a double room, please.
R: No problem, sir.
Masao: How much is the room, including tax?
R: Including tax . . . it is 140 dollars per night.
Masao: Oh, that's a little high. Do you have anything less expensive?
R: No, sir. This is the least expensive double room left for tomorrow.
Masao: All right. I guess I'll take it.

SKIT 1

(正夫、ホテルに電話する)
予約係(R):ルーズベルト・ホテルでございます。
正夫:あしたの夜、空いている部屋はありませんか。
R:はい、まだ少しだけ空いております。どのようなお部屋がよろしいでしょうか。
正夫:ダブルがいいんですが。
R:かしこまりました。
正夫:税込みでいくらでしょう。
R:税込みですと、一泊140ドルになります。
正夫:えっ、それはちょっと高いなあ。もう少し安い部屋はありませんか。
R:いいえ、明日空いておりますダブルの中では、これがいちばんお安い部屋でございます。
正夫:じゃあ、それにしましょう。

Chapter 3 ● ホテル

R: Could I have your name, please?
Masao: Yes, it's Takada, Masao Takada.
R: Would you mind spelling that for me?
Masao: No. It is T-A-K-A-D-A.
R: What time do you think you'll be checking in, sir?
Masao: Well, that depends. What time can I check in?
R: Anytime after 2 p.m.
Masao: That's fine. We don't expect to arrive before 3:30.
R: All right, sir. Then we'll see you tomorrow.
Masao: Thank you.
(Masao hangs up the phone)
Akiko: How much is the room?
Masao: A hundred and forty dollars.
Akiko: What!?

R：お名前をお願いします。
正夫：高田です。マサオ・タカダ。
R：綴りを教えていただけますか。
正夫：はい、T-A-K-A-D-A です。
R：何時にチェックインのご予定でしょうか。
正夫：それは、そちら次第です。何時ならチェックインできますか。
R：午後2時以降でしたら何時でも結構です。
正夫：じゃあ、だいじょうぶです。3時半前には着かないと思いますから。
R：では、明日お待ち申し上げております。
正夫：ありがとう。
(正夫、電話を切る)
明子：部屋はいくらなんですって？

SKIT 2　お名前が予約名簿にないんですが

Front Desk (F): Hello. How may I help you?

Masao: My name is Takada. I have a reservation.

F: Yes, let me check... Excuse me, sir. I can't seem to find your name on our list. Are you sure you have a reservation for tonight?

Akiko: Yes, we're sure we have a reservation. Could you check again?

F: I'm terribly sorry. There must have been some mistake. When did you make your reservation, Mr. Okada?

Masao: Did you say "Mr. Okada"? My name isn't Okada. It's Takada!

F: Ah, here you are!

Masao: So, you do have a reservation for us?

F: Yes, I'm very sorry. Could you sign your

正夫：140ドルさ。
明子：何ですって!?

SKIT 2

フロント係(F)：いらっしゃいませ。
正夫：高田と申します。予約してあるのですが。
F：はい、お調べいたしますので……。すみません、お名前が予約名簿にないのですが、確かに今晩のご予約でしょうか。
明子：そうです。確かに予約してあります。もう一度調べていただけませんか。
F：たいへん申し訳ありませんが、何か手違いがあったようです。いつご予約をなさいましたか、岡田さま。
正夫：いま岡田といいましたか。私は岡田じゃありませんよ、高田です！

Chapter 3 ● ホテル

name here, Mr. Takada?
Akiko: Could we see the room first?
F: Of course. But there is no other double room left tonight.
Masao: Well, in that case, I think we'll have to take it.
F: Thank you. I'll have a bellboy take your luggage up to your room soon.

SKIT 3 エアコンが動かないんです

Akiko: (to the bellboy) Thank you. Could you put the bag here and the suitcases in the closet?
Bellboy (B): Yes, ma'am.
Masao: Excuse me, where's the switch for this lamp?
B: It's over here, on the wall, and the switch for the air conditioner is here . . . Is there any-

---

F：あっ、ありました！
正夫：じゃあ、確かに予約は入ってたんですね。
F：はい、申しわけございませんでした。高田様。ここにご署名を……。
明子：その前に部屋を見せていただけません？
F：もちろんです。ただ、今晩はもうほかにダブルは空いておりませんので……。

正夫：じゃあ、その部屋にするしかないようですね。
F：ありがとうございます。すぐにベルボーイにお荷物を部屋に運ばせましょう。

SKIT 3

明子：（ベルボーイに）ありがとう。バッグはここ、スーツケースはクローゼットに入れてください。

thing else you'll be needing, sir?
Masao: No, not for now. Thank you. (Masao gives the bellboy a tip)
B: Thank you very much. Please have a good evening.
Masao: You, too.
(B leaves)
Masao: Well, honey, what do you think?
Akiko: It is a very nice room. But it's a little warm here. Can you turn on the air conditioner?
Masao: Sure. Is that better?
Akiko: I don't feel anything. Are you sure it's on?
Masao: You're right. Something's wrong with it. I'd better call the front desk.
(on the phone)
Masao: Hello, this is Room 236. The air con-

ベルボーイ(B)：かしこまりました。
正夫：すみません、このランプのスイッチはどこですか。
B：こちらの壁にあります。エアコンのスイッチはここです。ほかに何かございませんか。
正夫：いや、いまのところは。ありがとう(正夫、チップを渡す)。
B：どうも、ありがとうございます。ごゆっくり、どうぞ。
正夫：ありがとう。
(B 去る)
正夫：ねえ、どう思う？
明子：とても素敵な部屋だわ。だけど少し暑いわね。エアコンをつけてくれる？
正夫：ああ、これでどう？
明子：何も感じないわ。ほんとについてる？
正夫：君のいうとおりだ。どこかおかしいな。フロントに電話した

Chapter 3 ● ホテル

ditioner doesn't work. Could you send someone up to look at it?
Front Desk: Yes, Mr. Okada ... oops, Mr. Takada. I'll take care of it right away!

ほうがよさそうだ。
(電話で)
正夫：もしもし、こちら236号室ですが、エアコンが動かないんです。誰か来て見てもらえませんか。
F：はい、かしこまりました、岡田さま……あっ、すみません、高田さま。早速、そうのように手配いたします。

同宿のよしみで
積極アプローチ

　旅行中、ホテルで過ごす時間は、けっこう長い時間を占める。それでいて、その間に英語で話すことといえば(何もトラブルがないかぎり)、チェックインとチェックアウトのときにフロント係と話す一言、二言だけ、というがよくある。そんなことにならないために紹介する積極アプローチの相手は、仕事が暇そうに見えるホテルの従業員だ。街についてたずねるなど、いろいろと話しかけてみよう。たいていの場合、気軽に話に付き合ってくれる。

　ホテルでは、また、他の宿泊客も格好のおしゃべりの相手だ。ホテルのバーやロビーでひとりでぼんやりしている人がいたらHi. Are you also staying in this hotel? (あなたも、このホテルにお泊まりですか)と声をかけよう。あなたのほうが街について詳しければ情報を提供し、その逆なら相手からいろいろ教えてもらうことができるだろう。そして、相手もひとり旅なら、翌日の見物や買い物をいっしょにすることに話をまとめてみてはいかがだろうか。

積極度1(★)	仕事が暇で退屈してるホテルの従業員は絶好のアプローチ対象。
積極度2(★★)	自分の部屋にやってきたメードやボーイに話しかけるときは、仕事の邪魔をしない程度の話題を。
積極度3(★★★)	他の宿泊客とは、同宿の者という気安さで話しかけよう。ただし、相手に連れがいるときは失礼にならないように気をつけて。

Chapter 3 ● ホテル

★時差で眠れない夜、夜勤のベルボーイに

You: Are you still working this late at night?
Bellboy: Yeah, we keep one person on duty all the time. You never know when someone is going to want to check in or check out. Are you enjoying your stay?
You: Yes, but I still have jet lag, and . . .

あなた：こんなに遅くまで働いてるんですか。
ベルボーイ：はい、常にひとりは待機しております。いつチェックインやチェックアウトをなさるお客様がいらっしゃらないとも限りませんから。ご滞在は快適でしょうか。
あなた：ええ、でもまだちょっと時差ボケで……

★★そうじに来たメードと

Maid: Oh, excuse me. I'll come back later.
You: That's OK. I'd rather have it cleaned now. Do you mind if I stay here while you clean?
Maid: No, not at all. It's beautiful weather today, isn't it?
You: Yes. I'm planning to go to the zoo later.
Maid: Good idea. You know, our zoo is . . .

メード：あっ、すみません。あとで参ります。
あなた：いいのよ、今やってもらったほうがいいわ。そうじしてる間、ここにいてもいいかしら。
メード：どうぞ。いい天気ですねえ、きょうは。
あなた：そうね、あとで動物園に行こうと思ってるの。
メード：それはいいですね。ここの動物園は……

★★★ ホテルのバーでテレビを見ている他の客に

You: Who's playing on TV?

Man: The Cubs and the Giants. The Cubs are leading 2 to 1.

You: Who are you rooting for?

Man: I'm a die-hard Cubs fan. I grew up in Chicago.

You: Did you? I have a friend in Evanston. Do you still have family there?

Man: Yes, my parents still live there. Have you ever been to Chicago?

You: No, but . . .

あなた：テレビでやってるのはどこの試合ですか。

男の人：カブズとジャイアンツさ。カブズが2対1で勝ってる。

あなた：どこのひいきなんですか。

男の人：ガチガチのカブズ・ファンさ。シカゴ育ちだからね。

あなた：そうですか。エバンストンには友だちがいます。ご家族はまだシカゴに？

男の人：ああ、両親がまだいる。シカゴへは行ったことあるのかい。

あなた：いや、でも……

Tips for Trips

旅の安全と快適さはお金で買う

「水と安全はタダだと思っている」日本人は、海外でも概して無防備だ。そして、なるべくホテル代にお金をかけないようにしようとする人も多い。そういう人は、「安全はお金で買うもの」というコンセプトをしっかりと覚えておいてほしい(イザヤ・ベンダサン著『日本人とユダヤ人』参照)。

また、旅行中は、快適なホテルで疲れをいやし、鋭気を養うことも大切だ。「安全」と「快適さ」、このふたつがそろってはじめて、旅はほんとうに楽しいものになる。

●安ホテルにはくれぐれもご注意を

欧米諸国の大都市のホテルは、どこでも値が張る。たとえば、ニューヨーク市内でちょっとまともなホテルに泊まると、その宿泊料金の高さには(目が飛び出ないまでも)お金を捨てているような気にさえなるものだ。

したがって、「ニューヨークにもこんなに安くていいホテルがある」などという記事をガイドブックで見つけようものなら、飛びつきたくなるのが人情だ。しかし、そういう安ホテルには、ちょっとばかり用心が必要である。

特に、日本のガイドブックで一度でも紹介されたことのあるニューヨーク辺りの安ホテルは、日本人旅行客が次々とやって来るので笑いが止まらない。その味をしめて、態度が横柄なことも多い。また、日本人の「人のよさ」や「おとなしさ」につけ込んでいるところもある。

それだけではない。そういうホテルでさらにひどい目にあった旅行者もいる。といっても、盗みでもなければ、「ホー

ルドアップ」でもない。なんと、ゴキブリにやられたのだ。それは、夜中の出来事だった。真っ暗な中、耳の中でうごめくものを感じ、目を覚ますと……(この後の話は省略させていただく)。(注:ニューヨークのゴキブリは、日本のものよりずっと小さい)

● どこに泊まっても油断は大敵

　最近は、日本の旅行会社と提携して日本人団体客を受け入れているホテルも少なくない。着いてみたら周囲に日本人ばかりで、「せっかく外国に来たのに……」とガッカリすることもあるだろう。しかし、こういうホテルは、日本人に合ったサービスの仕方を心得ているので、けっこう快適だったり、また、便利なことも多い。

　しかし、その半面、注意しなければならないこともある。まず、こういうホテルでは、日本人ばかりに囲まれているため、日本での無防備さが呼び覚まされる可能性が強い。そういった日本人旅行客を狙った犯罪も横行している。したがって、快適な中にも気を引き締める必要がある。いずれにせよ、海外ではどこに泊まっても、油断大敵だ。

● チェックインもチェックアウトも簡単で気軽なモテル

　車でアメリカを旅行する人には、モテル(motel)が便利だ。ご存知のとおり、これは motor + hotel = motel という混成語(または「かばん語」)で、車で旅行する人のための宿泊施設だ(日本の「モーテル」とはまったく異なる)。

　モテルはたいてい地方都市や郊外にあり、サービスが簡略化されているため、宿泊料も安い。部屋の前に駐車場が付いているのが普通で、車の旅には実に便利だ。

　モテルを探すときは、VACANCY(空き室有り)という看板が目印だ。予約していなくても部屋が空いてさえいれば簡単に泊めてくれる。綿密な計画を立てずに、気ままな車の旅を楽しみたい人にはピッタリの宿泊施設だ。

　モテルには、普通、ホテルのようなフロント(front desk)

はなく、宿泊の手続きはオフィス(OFFICE と表示してある)で行う。宿泊申し込み書(registration card)に必要事項を記入し、宿泊料金をキャッシュで前払いするか、クレジットカードの写しを取らせる。手続きがすんだら、部屋の鍵をもらい、自分の部屋の前に車を移動して、自分で荷物を部屋に運ぶ。帰りのチェックアウトも、部屋の鍵を返して、宿泊料の領収書をもらうだけ。実にスピーディーだ。

　モテルには、普通、レストランがない。しかし、たいてい近くにドライブインやファーストフードの店があるので、心配は無用だ。また、オフィスに無料のコーヒーが用意されていて、宿泊客は誰でもセルフサービスで飲めるようになっているところも多い。

　モテルがそんなに便利なら、ぜひ利用してみたいと考えている方に、最後に一言。モテルを探すときは、たとえ宿泊料が少し高くても、治安のよい場所を選ぶようにしよう。旅先の安全は、宿泊施設の種類を問わず、お金で買うものなのだから。

(高橋朋子)

B&Bで体験するイギリスの田舎

　初めての町で、どこに泊まればいいかわからなかったら、とにかく町の中心部を目指す。宿はないかもしれないが、Tourist Information がある。そこで払う紹介料の約5ポンドを覚悟すれば、けっこうきれいで快適な B&B (Bed and Breakfast) を紹介してもらえる。

　かつて3泊した Northumbria の B&B もこうして見つけた。宿泊料はひとり1泊13ポンド。田舎としては標準的な料金だろう。きれいな広いツインの部屋で、大きいほうのベッドには電気毛布がついていた（同行の友人に取られた）。部屋にはお湯の出る洗面台があり、バス・トイレは共同だった。

　朝食は他の宿泊客といっしょにラウンジで。もちろん、Full English Breakfast である。ベーコン、ソーセージ、目玉焼きはどこの B&B でも同じだが、シリアルは2種類あったし、3泊したら毎日付け合わせを替えてくれた（1泊目焼きトマト、2泊目フライドマッシュルーム、3泊目ベイクトビーンズ）。

　同宿の人はなぜだかみんなカナダ人で、1カ月かけて車で英国一周、という余裕の人々。こういう人たちと打ちとけておしゃべりができるのも B&B ならでは。田舎に行けば行くほど素朴で親切な人が多いので、ときには宿のマダムを交えて話に花が咲く。

　さて実践編。宿泊料は前払い。もちろん朝食込みの値段である（別途料金で夕食を出してくれるところもたまにある）。クレジットカードはだめなところが多いので、事前にキャッシュを用意しておく。そして、トラブルを避けるために領収書は必ずもらっておくこと。Tourist Information を通さずに飛び込みで行っても、部屋さえ空いていれば泊めくれるところがほとんどだ。

　　　　　　　　　　　　　　　（ロンドン発：正岡雅子）

Chapter 4
交通

Chapter 4 ● Transportation

交通

KEY EXPRESSIONS

　バス、電車、タクシー、飛行機、そしてときにはレンタカーと、時間と場所に応じて乗り物を上手に使い分けることができれば、旅は時間的に効率がよくなるばかりでなく、それぞれに味わいのある乗り物の文化を体験することができるでしょう。

　この Chapter 4 の KEY EXPRESSIONS では、交通に関連した表現を乗り物別に4つのパートに分けて紹介します。さまざまな乗り物に乗って旅先での行動半径を広げれば、あなたのコミュニケーションの幅も同時に広がるはずです。

Part 1　市内バス

バス停で
① バス乗り場をたずねる
② 運行間隔などをたずねる
③ 料金／料金の支払い方をたずねる
④ 行き先を確認する
⑤ どこで降りればいいかたずねる

車内で
⑥ 乗り換え切符をもらう
⑦ 席を譲る／足を踏んであやまる
⑧ 降車を知らせる方法をたずねる
⑨ 現在位置／次の停留所をたずねる
⑩ バスを降りる

Part 2 電車・地下鉄

駅で
① 路線図や時刻表をもらう
② 料金をたずねる
③ トークンやカードを買う
④ 両替をしてもらう
⑤ 片道／往復キップを買う

乗車から到着まで
⑥ プラットフォームをたずねる
⑦ 行き先を確かめる
⑧ 現在地／次の駅／乗換駅を聞く
⑨ 車内アナウンスの内容をたずねる
⑩ 精算する／出口を教えてもらう

列車の旅
⑪ 特別料金をたずねる
⑫ 所要時間／到着時刻をたずねる
⑬ 切符を買う
⑭ 食堂車を利用する
⑮ あと何駅あるかたずねる

Part 3 タクシー

タクシーを呼ぶ
① タクシーを呼ぶ／呼んでもらう
② 行き先／道順を告げる
③ 予測料金／所要時間をたずねる
④ 荷物をトランクに入れてもらう
⑤ 急いでもらう／安全運転を頼む

走行中／到着
⑥ 寄り道をしてもらう
⑦ 左折／右折／直進を指示する
⑧ 停車位置を指示する
⑨ 通り過ぎたので戻ってもらう
⑩ 料金を払う／チップを渡す

Part 4 飛行機

フライトの予約
① フライトを予約する
② 安いチケットを探してもらう
③ 予約内容を繰り返してもらう
④ 予約の確認をする
⑤ 予約を変更／キャンセルする

チェックイン
⑥ 出発時刻を確認する
⑦ チェックインカウンターを探す
⑧ 荷物をチェックインする
⑨ 座席の希望をいう
⑩ 搭乗口／搭乗時間をたずねる

Chapter 4 ● 交通

Part 5　レンタカー

車を借りる

① レンタカーを借りる
② 借りたい車の種類をいう
③ 料金についてたずねる
④ 保険についてたずねる
⑤ 乗り捨てについてたずねる

ドライブ中

⑥ 道をたずねる
⑦ ガソリンを入れてもらう
⑧ 自分でガソリンを入れる
⑨ 駐車料金をたずねる
⑩ 車の故障や事故で助けを求める

KEY EXPRESSIONS
基本編

How much is it to Oxford Circus?

(オックスフォードサーカスまでいくらですか)

行き先までの運賃はこうたずねる。往復切符の料金は、it を a round-trip ticket(米)、a return ticket(英)に変える。

Which bus do I take to go to Wall Street?

(ウオール街に行くには、どのバスに乗るのですか)

乗る前、あるいはすでに乗ってから行き先を確認するのなら、Does this bus go to Wall Street? だ。

Chapter 4 ● 交通

Where are we now?

(いま、どこですか)

乗っているバスや電車の現在地を確かめる表現はこれ。次の駅やバス停は、What's the next stop? と聞く。

Excuse me. I'm getting off.

(すみません。降ります)

混んでいるときは、こういって出口に進もう。バスの中で降車の知らせ方が不明なときも、運転手に直接こういえばよい。

Part 1 市内バス
バス停で

---

① バス乗り場をたずねる

Where's the bus stop for Chinatown?

(チャイナタウン行きのバス停はどこですか)

---

② 運行間隔や次のバスの時間をたずねる

How often does this bus run?

(このバスはどれくらいの間隔で走っていますか)

---

③ 料金／料金の支払い方をたずねる

How much is the fare?

(料金はいくらですか)

---

④ 行き先を確認する／目的地で止まるかたずねる

Which bus do I take to go to the National Museum?

(国立美術館に行くにはどのバスに乗ればよいのですか)

---

⑤ 目的地に行くにはどこで降りればいいかたずねる

Where do I get off to go to Madame Tussaud's?

(マダムタッソーろう人形館へ行くにはどこで降りればいいですか)

Chapter 4 ● 交通

すでにバス停に来ていて確認するのなら、Do I wait here for the bus to go to the zoo? (動物園に行くバスはここで待てばいいのですか)とか、Is this the right bus stop to go to Chelsea? (チェルシーに行くのはこのバス停でいいんですか)とたずねよう。

こう聞くと、It runs every fifteen minutes. (15分おきに出てますよ)といった答えが返ってくるだろう。次のバスの時間は、When will the next bus come? と聞けばよい。また、待っている人に How long have you been waiting? (どれくらいお待ちですか)とたずねてみてもよい。

料金の払い方がわからないときは、How do I pay the fare? (どうやって払えばいいのですか)とたずねよう。料金をどこで払えばよいか知りたければ、Where do I pay? だ。紙幣では払えないこともあるので Can I use a bill? (紙幣が使えますか)と聞いておこう。

目的地に行くバスかどうか確認したければ Is this the right bus to go to Soho? (ソーホーに行くにはこのバスでいいのですか)とか、Does this bus 〈Do you〉 stop at Union Square? (ユニオンスクエアで止まりますか)と聞けばよい。この Do you stop . . . ? は運転手に直接たずねる表現だ。

What stop is the closest 〈nearest〉 to Albert Hall? (アルバートホールにいちばん近いバス停はどこですか)というたずね方もある。このように運転手や他の乗客に聞いておけば、そのバス停に近づいたら Your stop is next. (次で降りるんですよ)と教えてくれるだろう。

Part 1 市内バス
車内で

⑥ 乗り換え切符をもらう／乗り換えについてたずねる
Can I get a transfer for South Ferry?
(サウスフェリー行きの乗り換え切符をもらえませんか)

⑦ 席を譲る／ひとの足を踏んであやまる
Would you like to sit down?
(お座りになりませんか)

⑧ 降車を知らせる方法をたずねる
How can I let him know when I'm getting off?
(降りるときはどうやって知らせればいいのですか)

⑨ 現在位置／次の停留所をたずねる
Have we passed 34th Street yet?
(もう34丁目は通り過ぎましたか)

⑩ バスを降りる
Excuse me. I'm getting off here.
(すみません、ここで降ります)

Chapter 4 ● 交通

乗り換え切符(transfer ticket)をもらうのに行き先をいわなくてもよい場合は、Transfer, please. だけで十分だ。どこで乗り換えるか知りたいきは、Where do I change buses to get to the aquarium? (水族館へ行くにはどこで乗り換えるのですか)のように聞く。

お年寄りや身体の不自由な人に席を譲るのは万国共通のエチケット。Please have a seat. といってもよい。車内で人にぶつかったり、足を踏んだときは、Excuse me. といえばよいが、あまりひどいぶつかり方をしたときなどは Are you all right? (だいじょうぶですか)と、もう一声をかけておこう。

この him は the driver (運転手)のこと。車内の壁にコードや押しボタンがあれば、Do I pull〈push〉this when I want to get off? (降りるときはこれを引く/押すのですか)と具体的に聞く。どうしてよいかわからないまま目的地に近づいたら、運転手に直接、Let me off at next. (次で降ろしてください)という。

これを、We haven't passed 34th Street, have we? といえば、「まさかまだ過ぎてませんよね」というニュアンスが含まれる。「いまどこですか」は Where are we now?、「次の停留所はどこですか」は What's the next stop? だ。

混んでいるときやドアが閉まりそうになったときは、恥ずかしがらずに大きな声でこういおう。次で降りるのなら I'm〈We're〉 getting off next. だ。ひどく混んでいるときは、Let me off! (降ろしてください!)と叫んで乗客をかき分けながら出口へ進もう。

SKITS バス

PART 1 金門橋に行くバス停はここでいいんでしょうか

Masao: Oh, here's a bus stop.
Akiko: But it doesn't say "For Golden Gate Bridge." We should ask someone. (to a woman waiting for the bus) Excuse me, is this the right bus stop to go to the Golden Gate Bridge?
Woman (W): Yes, but if you're going to the Golden Gate Bridge, you have to change buses at 19th Avenue.
Akiko: OK. Thank you. Oh, and could I ask how much the fare is?
W: It's 85 cents. Don't forget to get a transfer when you get on, so you don't have to pay again when you change buses.
Akiko: I see.
W: Oh, here's the bus coming.
(Akiko and Masao get on the bus)

正夫：あっ、バス停があった。
明子：でも「金門橋行き」って書いてないわ。誰かに聞いてみたほうがいいわ。(バスを待っている女性に)すみません、ここは確かに金門橋行きのバス停でしょうか。
女性：そうです。でも金門橋に行くんだったら、19番街で乗り換えなきゃなりませんよ。
明子：どうもありがとう。バスの料金はおいくらなんでしょう。
女性：85セントです。バスに乗ったら乗り換えチケットをもらうのを忘れないようにね。そうすれば乗り換えても、またお金を払う必要はないですから。
明子：わかりました。
女性：ほら、バスが来たわ。
(バスに乗る)
正夫：(運転手に)乗り換え券を2

Chapter 4 ● 交通

Masao: (to the driver) Hi. Can we get two transfers, please?
Driver (D): Here you go.
Masao: Thank you. And can you let me know when we should be getting off at 19th Avenue?
D: Sure, buddy.
Akiko: Is everything OK, Masao?
Masao: Sure, don't worry. I took care of everything.
Akiko: That's what worries me. Just be sure and listen when the bus driver calls out the stop, so we don't ride past it.
Masao: Yeah... Hey, did you hear the bus driver called me his "buddy"?
Akiko: I bet he calls everybody "buddy".
D: (shouts) Next stop, 19th Avenue. This is where you get off, buddy.

枚ください。
運転手：はいよ。
正夫：どうも。19番街で降りると き教えてくれませんか。
運転手：いいよ、兄弟。
明子：正夫、だいじょうぶ？
正夫：心配するなって。まかせて くれよ。
明子：それが心配なのよ。注意し て、乗り過ごさないように。運転手がバス停を教えてくれるのを聞き逃さないようにしないと。
正夫：わかってる。あれっ、運転手が僕のことを「兄弟」って呼んだの聞いたかい。
明子：誰にでも「兄弟」っていうのよ。
運転手：（大声で）次は19番街。兄弟、ここで降りるんだよ。

Part 2 電車・地下鉄
駅で

① 路線図や時刻表をもらう
Can I get a subway map?
(地下鉄の路線図をもらえませんか)

② 料金をたずねる
How much is it to Bayswater?
(ベイズウオーターまでいくらですか)

③ トークンやカードを買う
Can I have two packs of tokens?
(トークンを2袋ください)

④ 両替をしてもらう
Is there a change machine around here?
(この辺に両替機はありませんか)

⑤ 片道/往復キップを買う
One for Oxford Circus, please.
(オックスフォードサーカスまで1枚ください)

Chapter 4 ● 交通

電車や鉄道なら a train map となる。時刻表がほしければ Can I have a timetable? といえばよい。駅構内に表示してある大きな時刻表を探すときは、Where is the subway map? と the が付く。なお、地下鉄はアメリカでは subway、イギリスでは underground または tube、フランスでは metro という。

What 〈How much〉 is the fare to Bayswater?（ベイズウォーターまで運賃はいくらですか）のように聞いてもよい。利用回数の多い日は、Do you have a one-day pass or something like that?（1日乗車券のようなものはありませんか）と聞いてみよう。

ニューヨークやボストンの地下鉄に乗るには、token（トークン）を token booth（トークン売り場）で買う。バラ売りもするが、10個入りの袋(pack)入りを買っておくとニューヨークでは市内バスにも使えるので便利。ワシントンDCや香港の地下鉄は、乗車カードを自動券売機で買う。

自動券売機を利用するのにコインしか使えなかったり、紙幣の種類が限られていることがある。そういった場合は、このように聞いて自動両替機を探すか、ticket office や newsstand で Could you give me two dollars' worth of quarters?（25セント硬貨を2ドル分ください）などといって両替を頼む。

片道切符と往復切符の呼び方は、それぞれ、アメリカとカナダでは one-way ticket と round-trip ticket、イギリスでは single ticket と return ticket、そしてオーストラリアでは one-way ticket と return ticket だ。しかし、特に指定しないで左のようにいえば、片道切符を渡してくれる。

Part 2 電車・地下鉄
乗車〜到着

⑥ プラットフォームをたずねる

What platform does the train for Manhattan leave from?

(マンハッタン行きの電車はどのプラットフォームから出ますか)

⑦ 行き先を確かめる

Does this train go to Long Island?

(この電車はロングアイランドへ行きますか)

⑧ 現在地／次の駅／乗り換え駅をたずねる

What stop is this?

(この駅はどこですか)

⑨ 車内アナウンスの内容をたずねる

Did you hear what he said?

(何ていったか聞こえましたか)

⑩ 精算する／出口を教えてもらう

How much more is it?

(あといくら払えばいいですか)

Chapter 4 ● 交通

Where should I go to take the train for Manhattan? とも聞ける。A 線の電車に乗るのなら、Where does the A train leave from? (A 線はどこから出ますか)とか、Which platform should I go to to take the A train? (A 線に乗るには、どのプラットフォームに行けばいいですか)と聞く。

これは、電車や地下鉄に乗る寸前に、あるいは乗ってから行き先を確認するときの表現。Is this the right train to get to Sydney? (シドニーへ行くには、この列車でいいのですか)と聞いてもよい。列車に限らず、地下鉄や電車も(総称でないときは)よく train といい、個々の車両を指すときは car という。

stop は station といってもよい。次の駅を聞くには、What is the next stop?、または What station is next? という。乗り換え駅は、Can you tell me where to change trains to get to Times Square? (タイムズスクエアに行くにはどこで乗り換えればいいんですか)のように聞けばよい。

What did he 〈she〉 say just now? (いま何といいましたか)と聞いてもよい。その土地特有のアクセントのある車内アナウンスは聞きとりにくいものだ。地下鉄は騒音がはげしいので、なおさらだ。Did he say the next stop is 23rd Street? (次は23丁目だといいましたか)などと恥ずかしがらずにたずねよう。

車内で、あるいは電車を降りてから運賃を精算するときは、こう聞いて不足分を払う。改札口を出てから地上への出口がいくつもあるときは、Which exit is for Victoria Park? (ビクトリアパークに行くにはどの出口から出るのがいいですか)とたずねよう。

Part 2 電車・地下鉄
列車の旅

⑪ 特別料金をたずねる
What's the sleeper fare?
(寝台料金はいくらですか)

⑫ 所要時間の違い／到着時刻をたずねる
How much time would I save if I took the express train?
(急行で行けば、どれだけ時間を節約できますか)

⑬ 切符を買う
Two second-class tickets to Paris, please.
(パリまで二等を2枚ください)

⑭ 食堂車を利用する
Is there a dining car on the train?
(この列車には食堂車がありますか)

⑮ あと何駅あるか／何時間かかるかたずねる
How many more stops are there before Birmingham?
(バーミンガムまであといくつ駅がありますか)

Chapter 4 ● 交通

ほかに、What's the express charge? (急行料金はいくらですか)、How much is the fare for children? (子供料金はいくらですか)などと聞くこともあるだろう。ユーレイルパスなどを持っていて追加料金をたずねるときは、How much more do I have to pay? (あといくらですか)といえばよい。

所要時間は、How long does it take for the local ⟨express⟩ train to get to Boston? (ボストンまで各駅/急行でどのくらい時間がかかりますか)のようにたずねる。到着時刻は、What time does the train arrive in Paris ⟨there⟩? (何時にパリに/そこに着きますか)というふうに聞けばよい。

一等なら first-class ticket だ。料金の違いを知りたいときは、How much more expensive is a first-class ticket than a second-class ticket? (一等は二等よりどれだけ高いのですか)、あるいは What is the difference between the first-class fare and the second-class fare? とたずねよう。

車掌(conductor)が回ってきたら、このように、そしてさらに When are they open? (営業時間はいつですか)と聞いておこう。食堂車で相席させてもらいたいときは、Do you mind if I sit here? (ここに座ってもかまいませんか)と聞く。No, I don't. という返事なら、「かまいません。どうぞ」という意味だ。

ほかに What time do we get to Milan? (ミラノには何時に着きますか)、Are we arriving in Rome on time ⟨schedule⟩? (ローマ着は定刻どおりですか)、How much longer is it till we get to Naples? (ナポリまであと何時間ですか)などと聞くこともできる。

SKITS
電車・地下鉄

PART 2 早く着くんだったら少し高くてもいいわ

(at the train station)
Masao: We want to take a train to New York.
Ticket agent (A): Regular or express train?
Masao: How much time would we save if we took the express?
A: About one hour. The next express train arrives in New York at 2:35.
Masao: And how much more do we have to pay for the express?
A: First class is 24 dollars more, and second class is 15 dollars more.
Masao: (to Akiko) What do you think?
Akiko: As long as we can arrive one hour earlier, I don't mind paying a little extra.
Masao: OK. (to A) Then two second-class tickets on the express, please.

(駅で)
正夫：ニューヨーク行きの列車に乗りたいのですが。
切符売場の人(A)：普通ですか、急行ですか。
正夫：急行だとどれくらい早く着きますか。
A：約1時間です。次の急行は2時35分にニューヨークに着きます。
正夫：急行だと料金はいくらよけいにかかるんでしょう。
A：1等ですと24ドル、2等ですと15ドル高くなります。
正夫：(明子に)どうする？
明子：1時間早く着くんだったら、少しくらい余計に払ってもいいわ。
正夫：そうだね。(Aに)じゃ、急行の2等を2枚ください。
(ニューヨークに到着)
明子：ついにビッグ・アップルに

Chapter 4 ● 交通

(Akiko and Masao arrive in New York.)
Akiko: Oh! At last we are in the Big Apple! Now we have to take a subway to get to the Village. Don't we need to buy a subway map?
Masao: Yes, but I think we can get it free at the subway station, at the token booth.
(at the subway station)
Masao: Can I have ten tokens? And also can I get a subway map?
Ticket booth employee (B): Sure. Here's a pack of ten tokens, twelve-fifty, and this is your subway map.
Masao: Thank you.
Akiko: We are going to the East Village. Which train should we take?
B: Take the No. 6 train and get off at Astor Place.
Masao/Akiko: Thank you.

着いたわ。さあ、ビレッジに行くには地下鉄に乗らなきゃ。地下鉄の路線図は買わなくていいかしら。
正夫：駅のトークン売場でただでもらえると思うよ。
(地下鉄の駅で)
正夫：トークンを10枚ください。それと地下鉄の路線図もいただけますか。
トークン売場の人(B)：わかりました。トークン10個入りが12ドル50セント。そして路線図です。
正夫：ありがとう。
明子：私たち、イースト・ビレッジに行くんですけど、どの地下鉄に乗ればいいんでしょう？
B：6番に乗って、アスター・プレイスで降りてください。
正夫／明子：ありがとう。

Part 3 タクシー
タクシーを呼ぶ

① タクシーを呼んでもらう／呼ぶ／つかまえる
Would you call a taxi for me?
(タクシーを呼んでくれませんか)

② 行き先／道順を告げる
The City Museum, please.
(市立博物館までお願いします)

③ 予測料金／所要時間をたずねる
About how much is it to go to Lancaster?
(ランカスターまでいくらくらいですか)

④ 荷物をトランクに入れてもらう／出してもらう
Can you please put this suitcase in the trunk?
(このスーツケースをトランクに入れてくれませんか)

⑤ 急いでもらう／安全運転を頼む
Would you hurry, please?
(急いでください)

Chapter 4 ● 交通

自分で電話をかけて呼ぶときは、Can you send a taxi to Fillmore Hospital? I'll be waiting at the main entrance. (フィルモア病院まで1台お願いします。正面入口で待っていますから)のようにいえばよい。通りでつかまえる(hail a taxi)ときは手をあげて、Taxi! または Hey, taxi! と叫ぶ。

行き先を告げるには、「目的地＋please」で十分だ。急ぐときは、Can you hurry to Heathrow Airport? (ヒースロー空港まで急いでください)などという。もし、現地の交通事情に明るければ、Can you take the Brooklyn Bridge? (ブルックリン橋のほうから行ってください)などと希望の道順を告げよう。

遠くまで行ってもらうときは、このように聞いて、あらかじめだいたいの料金を知っておきたいものだ。所要時間は、How many minutes 〈long〉 does it take to get to Ocean Park? (オーシャンパークまで何分／どれくらい時間がかかりますか)のように聞く。

目的地に着いて荷物を出してもらうときは、Could you get my bags out of the trunk? という。自分で荷物の出し入れをするときは Could you open the trunk? I want to put my suitcase in 〈get my suitcase out〉. (トランクを開けてくれませんか。荷物を入れ／出したいのです)といえばよい。

まずこういって、I have to catch an eight o'clock train. (8時発の電車に乗らなきゃならないので)などと理由をいえばよい。Can you make it in fifteen minutes? (15分で行ってくれませんか)などのように急がせることもできる。逆に神風ドライバーには、Can you slow down a little? と注意しよう。

Part 3 タクシー
走行中〜到着

⑥ 寄り道をしてもらう／ひとりずつ降ろしてもらう

Can you make a stop in front of Liberty?

(リバティー百貨店の前で一時停車してもらえませんか)

⑦ 左折／右折／直進を指示する

Can you make a right at the next corner?

(次の角を右に曲がってください)

⑧ 停車位置を指示する

All right. You can stop here.

(はい、ここで停めてください)

⑨ 目的地を通り過ぎたので戻ってもらう

We missed it. Would you mind turning around?

(通りすぎてしまいました。戻ってもらえますか)

⑩ 料金を払う／チップを渡す／レシートをもらう

Give me three back.

(3ドルだけおつりをください)

途中で友だちを乗せたいときなどは、こう頼もう。逆に2人で乗って別々に降ろしてもらいたいときは、Can you make two stops: one at Marble Arch and another at Harrods?（2カ所で降ろしてくれませんか。ひとりはマーブルアーチで、もうひとりはハロッズ百貨店の前で）のようにいう。

Please turn right at ... といってもよい。左折は make a left または turn left だ。直進してから左折／右折してもらうときは、Just go straight and make a left at Broadway.（真っ直ぐ行ってブロードウエーを左に）のように指示すればよい。

Please stop behind that blue van.（あの青いライトバンの後ろに止めてください）のように指示することもできる。また、目的地に近づいたら、I think it's around here. Can you slow down?（この辺だと思うので、スピードを落としてくれませんか）と頼めば、目的の場所を見失わないだろう。

こういった場合に、Can you go〈drive〉back two blocks?（2ブロック戻ってくれませんか）などと具体的にいえばわかりやすいだろう。また、どうも道を間違たようで不安なときは、Are you sure we're going in the right direction?（確かにこの方向でいいんですか）と、運転手に確認しよう。

これは、たとえば料金が6ドルのとき、10ドル札を渡してチップを1ドル（約15%）あげるから3ドル返してほしい、といった場合の表現だ。Keep the change.（おつりはとっておいてください）といっておつりをそのままチップとしてあげる方法もある。領収書をもらうときは、May I have a receipt? という。

SKITS タクシー

PART 3 15分でユニオンスクエアまで行ってください

Akiko: Taxi!
(a taxi stops and Akiko gets in the taxi)
Driver(D): Where to?
Akiko: Battery Park, please—but can you make a stop at Union Square? I want to pick up my friend there.
D: Of course.
Akiko: How long will it take to get to Union Square?
D: Well, that depends on the traffic, you know. It's pretty heavy this afternoon.
Akiko: Can you make it in fifteen minutes? I'm already ten minutes late.
D: Well, I'll try. Where exactly is your friend waiting at Union Square?
Akiko: On the 14th Street side. Oh, we're

明子：タクシー！
(タクシーが止まり、明子、乗り込む)
運転手(D)：どちらまで？
明子：バッテリー公園まで行ってほしいんだけど、ユニオン・スクエアで止めてくれません？ 友だちを乗せたいの。
D：わかりました。
明子：ユニオン・スクエアまで何分くらいかかるかしら。
D：道路の状況によりますねえ。きょうの午後はかなり渋滞してますから。
明子：15分で行ってもらえないかしら？ もう10分も遅れてるの。
D：やってみましょう。お友だちはユニオン・スクエアのどこで待ってるんですか。
明子：14番街に面したほう。あら、もう16番街だわ。速いわね。次の角を左に曲がってくれます？

Chapter 4 ● 交通

already at 16th Street. You're fast. Can you make a left at the next corner?
D: Oh, you got it.
Akiko: I think he's around here. Can you slow down? Ah, there he is! (shouts out of the window) Masao!
(Masao gets in the taxi)
Masao: You're twenty minutes late!
Akiko: Yes, I'm sorry. I locked myself out of the hotel room and had to ask them to unlock the door.
Masao: I should have known.
D: Here we are—Battery Park.
Akiko: Thank you. How much is it?
D: Well, it's ten twenty-five.
Akiko: Here's fifteen. Give me three back.
D: All right. Here's three. Thanks.

D：かしこまりました。
明子：この辺りにいると思うの。スピードを落としてください。あそこだ！（窓から大声で）正夫！（正夫、タクシーに乗る）
正夫：20分も遅刻だよ！
明子：ごめんなさい。ホテルでカギを中に置いたままドアを閉めてしまって、ドアを開けてもらってたの。
正夫：そんなことだろうと思ってた。
D：着きましたよ。バッテリー公園です。
明子：どうもありがとう。おいくらですか。
D：えーと、10ドル25セントです。
明子：はい、15ドル。3ドルおつりをください。
D：では3ドル。ありがとうございました。

Part 4 飛行機

フライトの予約

track 40

---

① フライトを予約する

I'd like a round-trip ticket from Chicago to Boston on the 13th.

(シカゴからボストンまでの13日の往復券がほしいのですが)

---

② 安いチケットを探してもらう

Do you have any cheaper tickets?

(もっと安いチケットはありませんか)

---

③ 予約内容を繰り返してもらう

Would you repeat it for me?

(もう一度いってくれませんか)

---

④ 予約の確認をする

I'd like to confirm my reservation.

(予約を確認したいのですが)

---

⑤ 予約を変更／キャンセルする

Can I change it to an earlier flight?

(もっと早い便に変えられませんか)

Chapter 4 ● 交通

こういえば、We have flights available leaving Chicago at 9:15 and 12:45. (シカゴ発9時15分と12時45分の便がまだございます) と、空席のある便をあげてもらえる。その中から都合のいい便を選び、I'd like the 9:15 flight. (9時15分の便をお願いします) のようにいって予約する。

Do you have anything cheaper 〈less expensive〉? と聞いてもよい。また、Do you have a weekend 〈an early bird〉 discount? と、週末や早朝便の割り引きはないかたずねてみよう。ただし、安いキップが買えそうなときは、喜ぶ前にAre there any restrictions? と、安売りの条件を確認しよう。

電話で予約がすむと、一通り itinerary (旅程) をいってくれるが、聞き逃したときはこういって繰り返してもらおう。What time did you say it arrives in Boston? (ボストンの到着は何時とおっしゃいましたか) などと、聞き逃したところだけ確認してもよい。

I'd like to confirm my booking on the 6 p.m. flight for London. (午後6時のロンドン行きの予約を確認したいのですが) のようにいってもよい。予約の確認と同時に、Can I get my seat assignment now? (いま、座席指定をしてもらえませんか) といって席を決めてもらっておくとよい。

日にちの変更は、I'd like to change it to the same flight, but on March 4th. (3月4日の同じ便に変えたいのですが) のようにいう。また、キャンセルは、I'd like to cancel my May 5th reservation on Flight 101. (5月5日の101便の予約をキャンセルしたいのですが) のように頼む。

Part 4 飛行機
チェックイン

⑥ 出発時刻を確認する
I'd like to know if Flight 203 will be leaving on time today.
(きょうの203便は予定どおりに出発するか知りたいのですが)

⑦ チェックインカウンターの場所をたずねる
Where is the Canadian Airlines check-in counter?
(カナダ航空のチェックインカウンターはどこですか)

⑧ 荷物をチェックインする
I'd like to check in these two suitcases.
(このスーツケースふたつをチェックインしたいのですが)

⑨ 座席の希望をいう
Can I have a window seat?
(窓側の席にしてもらえますか)

⑩ 搭乗口／搭乗時間をたずねる
Where is Gate 15?
(15番搭乗口はどこですか)

Chapter 4 ● 交通

当日は航空会社に電話して flight schedule を確認しよう。It will be delayed one hour.（1時間遅れます）などと答えが返ってくるかもしれない。ついでに、What time should I be at the terminal for that flight?（その便に乗るには、何時までにターミナルに行けばいいですか）と聞いておこう。

長い間並んで、やっと自分の番になったら ticketing counter（発券カウンター）だったり、first class only だったりすることがある。並ぶ前に、Is this the check-in counter for economy class?（エコノミーのカウンターですか）とか、Is this for domestic flights?（国内線の列ですか）と確認しよう。

壊れやすいものは、It's fragile.（ワレモノです）といって預けよう。荷物の重量制限にひっかかったら、How much do you charge for excess weight? と超過料金をたずねよう。carry-on baggage（機内持ち込み手荷物）だけなら I have no baggage to check in.（預けるものはありません）といえばよい。

最近、多くの国で国内線はほとんど non-smoking になってきたが、喫煙が許されている便では、Can I have an aisle seat in the smoking section?（通路側の喫煙席をお願いします）などと指定する。後部座席が希望なら、I'd like a seat at the back of the cabin. といえばよい。

搭乗口が何番かわからないときは、Which gate does US Air Flight 203 depart from?（US 航空203便はどの搭乗口から出発しますか）とたずねよう。What time does boarding start?（搭乗が始まるのは何時ですか）と聞いて、departure time（出発時間）までターミナル内のバーでゆっくるするのもよい。

SKITS 飛行機

PART 4 帰りの便が平日だと50ポンドお安くなります

Travel agent (T): Fast Travel. May I help you?
Akiko: Yes. I'd like a return ticket to Frankfurt leaving on the 20th and returning on the 25th.
T: OK, let me check if there are seats available on those days. Yes, we have flights to Frankfurt at 7:45 a.m. and 4:05 p.m.
Akiko: I'd like the 7:45 flight.
T: Coming back to Prestwick from Frankfurt, there are flights at 8:05 a.m. and 5:45 p.m.
Akiko: I'd prefer the afternoon flight. How much does it come to?
T: It comes to 275 pounds, including departure tax.
Akiko: Don't you have anything cheaper?
T: Yes. If you could fly back on a weekday, it's 50 pounds less.

旅行代理店(T)：はい、ファースト・トラベルです。
明子：20日に出発して25日に帰ってくる、フランクフルトまでの往復券が欲しいんですが。
T：はい、空席があるか調べてみましょう。ありますね。フランクフルト行きは午前7時45分と午後4時5分の便がございます。
明子：7時45分のをください。

T：フランクフルトからプレストウィックに戻る便は、午前8時5分と午後5時45分がございます。
明子：午後の便にしてください。おいくらになりますか。
T：出国税込みで275ポンドです。
明子：もっと安いのはないですか。
T：お帰りの便が平日でしたら、50ポンドお安くなりますが。
明子：早朝の便が取れるんだった

Akiko: It's possible if I could get an early morning flight on the 26th.

T: We do have seats available on the 8:05 flight on Monday, the 26th.

Akiko: That's fine. Can you book me on that one, please?

T: All right. Could I have your last name?

Akiko: It's Kimura—K-I-M-U-R-A.

T: And what's your first initial?

Akiko: A, as in Apple.

T: All right, Ms. Kimura. You're booked on British Caledonian Airways Flight 55 to Frankfurt, leaving Prestwick at 7:45 a.m. on the 20th; returning from Frankfurt on Flight 51 at 8:05 a.m. on the 26th. That comes to 225 pounds. How would you like to pay for this ticket?

Akiko: Do you take VISA?

T: Yes, of course. What's your card number and expiration date?

ら、26日でもかまいません。
T：26日の月曜日でしたら、8時5分の便がございます。
明子：それを予約してください。
T：かしこまりました。では名字をお願いします。
明子：木村です。綴りは K-I-M-U-R-A。
T：お名前のイニシャルは？
明子：Apple の A です。

T：では、木村さま、出発が英国カレドニア航空55便、フランクフルト行き、20日午前7時45分プレストウィック発、お帰りの便は51便、26日午前8時5分発でご予約致しました。合計で225ポンドです。お支払いはどのように？
明子：ビザカードが使えますか。
T：お使いになれます。カード番号と有効期限をお願いします。

Part 5 レンタカー
車を借りる

---

① レンタカーを借りる
Can I rent a car for just one day?
(車を1日だけ借りたいのですが)

---

② 借りたい車の種類をいう
I'd like a compact car that gets good mileage.
(燃費のいい小型車を借りたいのですが)

---

③ 料金についてたずねる
How much do you charge for that car?
(その車はいくらですか)

---

④ 保険についてたずねる
I'd like to have full insurance.
(全補償の保険に入りたいのですが)

---

⑤ 乗り捨てについてたずねる
How much will that be if I drop it off in Lancaster?
(ランカスターで乗り捨てたらいくらになりますか)

Do you have any cars available? (空いている車はありませんか) と聞いてもよい。前もって予約してある場合は、I reserved a compact car for three days. (小型車を3日間予約してあります) のようにいう。直接オフィスに出向いても、空いている車がないこともあるので、予約をお勧めする。

What kind of car would you like? (どんな車がよろしいですか) と聞かれたら、こう答えよう。値段は、compact (小型)、mid-size (中型)、full-size (大型)、luxury (高級) の順で高くなる。アメリカでは sports car は25歳以上にしか貸してくれないことがある。

compact car を希望して、We have a Ford Escort available. (フォード・エスコートがございます) といわれたとする。その場合 (日本車にしてくれなどといわず)、That'll be fine. と快諾して、こう値段をたずねよう。また、What's the mileage charge? と、走行料金も聞いておこう。

レンタカーの保険は基本的な障害保険がセットになっている full coverage (全補償) のものがふつうだが、こう指定しておけば安心だ。補償内容をくわしく知りたければ、What's covered? とか、What does it include? と聞く。また、1日の保険料は、How much is it per day? とたずねる。

ふつう、return は同じ場所に返すことで、drop off は乗り捨てることだ。No drop-off charges within the city なら「市内乗り捨て無料」。乗り捨て場所についても、Can we drop the car off at any of your offices? (おたくの支店ならどこで乗り捨ててもいいですか) などと聞いておこう。

Part 5 レンタカー
ドライブ中

⑥ 道をたずねる

Excuse me. Is there a gas station near here?

(すみません、この近くにガソリンスタンドはありませんか)

⑦ ガソリンを入れてもらう

Fill it up with unleaded, please.

(無鉛ガソリンで満タンにしてください)

⑧ セルフサービスのスタンドでガソリンを入れる

Where can I pay for the gas?

(どこでガソリン代を払えばいいのですか)

⑨ 駐車料金をたずねる／何時に戻るか告げる

What's the parking fee?

(駐車料金はいくらですか)

⑩ 車の故障やトラブルが起きて助けを求める

Can you send a tow truck to 222 Elm Street?

(エルム通り222番地にレッカー車を送ってくれませんか)

Chapter 4 ● 交通

ほかに、Where is the nearest entrance to Route 95? (95号線に入るのにいちばん近い入り口はどこですか)や、How can I get to Elmo? (エルモにはどうやって行くのですか)といったずね方もよく使われる。レンタカーオフィスで付近の道路地図(road map)をもらっておくと便利だ。

Can I have ten dollar's worth of "Premium"? (プレミアムを10ドル分お願いします)とガソリンの種類や量を指定して買うこともできる。洗車は、Could you wash my car? と頼む。トイレに入るのに鍵がいる場合は(ガマンしないで！)、Can I have the key to the restroom? と頼もう。

self-service のスタンドは full-service より1、2割安い。"Pay first" の表示がある場合は、まず支払いの窓口に行って給油したい分の料金を前払いする。ガソリンの入れ方がわからないときは、Would you show me how to start the pump? (どうやって給油を始めるのか教えてくれませんか)と聞こう。

係員に Do you know how long it'll be? (何時間くらいになりますか)と聞かれたら、Just an hour or so. (1時間程度です)とか、I'll be back at around nine. (9時ごろ戻ります)と答えよう。高級レストランやホテルなどには、入り口で車とキーを預かって駐車してくれる valet parking もよくある。

車が故障して動かないときは、レンタカーオフィスに電話してこう頼もう。故障やトラブルは、My car is stalled. (エンストを起こしました)、I've got a flat. (パンクしました)、I'm out of gas. (ガス欠になりました)、I'm locked out. (キーを車内に置いたままドアをロックしてしまいました)のようにいう。

SKITS レンタカー

PART 5 燃費のいい小型車を借りたいんですが

Rent-A-Car Agent(R): Can I help you, sir?
Masao: Yes. I'd like a compact car that gets good mileage.
R: Well, we have a few compact cars available in our lot. Is a Ford Escort all right?
Masao: Sounds fine. Is it an automatic?
R: Yeah, all our cars are automatic.
Masao: I see. How much do you charge for that car?
R: It's $35.95 a day plus 9 cents a mile after the first 100 miles.
Masao: OK, I'll take it ... and I'd like to have full insurance coverage.
R: All right. That'll be 9 dollars per day.
Masao: That's fine.
R: Then could you show me a major credit

レンタカー受付(R)：いらっしゃいませ。
正夫：燃費のいい小型車を借りたいんですが。
R：小型車でしたらいくつかございますが、フォード・エスコートはいかがでしょう。
正夫：けっこうです。オートマチック車ですか。
R：はい、私どもの車はみんなオートマチックです。

正夫：おいくらですか。
R：1日35ドル95セントで、走行距離が100マイルを超えますと1マイルにつき9セントかかります。
正夫：それにしましょう。障害保険に加入したいんですが。
R：それですと、1日9ドルです。
正夫：けっこうです。
R：クレジットカードと免許証を見せていただけますか。

Chapter 4 ● 交通

card and your driver's license?
Masao: Is MasterCard OK?
R: Sure is... Now, how many days do you want the car for?
Masao: Four days.
R: All right. It's 2:30 now, so you're supposed to return the car by 2:30 on the 24th, or you'll be charged for an extra day.
Masao: I understand.
R: Do you want to pay for the deposit with your MasterCard or cash?
Masao: Just put everything on my MasterCard.
R: All right, sir. Just sign here. And these are your keys. The car is parked over there, in spot No. 77.
Masao: Thank you.
R: You're welcome.

正夫：マスターカードでだいじょうぶでしょうか。
R：はい、だいじょうぶです。
正夫：どうぞ。
R：それで、何日ご利用になりますか。
正夫：4日間です。
R：かしこまりました。いま2時30分ですから24日の2時30分までにお返しください。そうしませんと1日分の追加料金がかかります。
正夫：わかりました。
R：前払い金はマスターカードで、それとも現金になさいますか。
正夫：全部マスターカードにつけておいてください。
R：はい。ではここに署名をお願いします。これがキーです。車は駐車場の77番にございます。
正夫：ありがとう。
R：どういたしまして。

犬も歩けば棒に当たる
積極アプローチ

　バスや電車が来るのを待っているときや、乗り物の中は絶好のアプローチタイムだ。それに、列車や長距離バスで旅行をするとき、隣の座席や向かい合わせに座っている人と一言もことばを交わさないということは、不自然であるばかりか、窮屈な思いさえしてくるものだ。

　そうならないためには、乗り合わせたら、すぐに話しかけるのがコツ。しかし、もし、最初に話しかけそびれたら、途中でお菓子を勧めるとか、駅の名前を聞くなどして、沈黙を破る(break the ice)努力をしよう。そのあとの旅がお互いにずっと楽しいものになるだろう。

　そして、もし、列車で旅行中に話かける相手がそばにいなければ、食堂車へ行ってみよう。あなたと同じように話し相手を探している人がひとり寂しくグラスを傾けているかもしれない。「犬も歩けば棒に当たる」だ。歩いていても、乗り物の中でも、「人を見たら、英語のプラクティスの相手だと思え」の精神でぶつかろう。

積極度1(★)	簡単な質問のあとで、なにげなく雑談を始める自然なアプローチ。
積極度2(★★)	長距離バスで隣に座った人とはぜひ話を始めよう。さもなくば、道中ずっと眠ったふりをすることになる。
積極度3(★★★)	乗り合わせてすぐにことばを交わせなかったら、あきらめずに、後でチャンスをつかむ努力をする。

Chapter 4 ● 交通

★ バス停で待っている人に

You: Is this the right bus stop to go to Piccadilly Circus?
Man: Yes, it is.
You: Thank you. Is the weather always so crazy in London?
Man: Yes, we say there are four seasons in a day in London.
You: What do you mean?
Man: Well, it's not unusual for us to have rain, sunshine, fog . . . a little bit of everything in a single day.
You: Then, how do you decide what clothes to wear for the day?
Man: Well . . .

あなた：ピカデリーサーカスに行くには、このバス停でいいんでしょうか。

男の人：そうですよ。

あなた：ありがとう。ロンドンの天候はいつもこんなにクレージーなんですか。

男の人：ええ、ロンドンでは一日に四季があるっていいますからね。

あなた：どういうことですか。

男の人：つまり、雨、晴れ、霧と、１日にいろいろと少しずつあるんですよ。

あなた：それじゃ、その日に着るものはどうやって決めるんですか。

男の人：それは……

★★ 長距離バスの座席で隣に座っている人に 〈track 47〉

You: Are you going to Toronto, too?
Man: Actually, I'm going to Toronto first, and then to Montreal.
You: May I ask where you are from?
Man: I'm from Indonesia.
You: Oh. I went to Bali once, about five years ago. It was beautiful.
Man: I'm glad you liked it. Are you Japanese?
You: Yes. I'm from Osaka.
Man: Oh, I've been to Osaka . . .

あなた：あなたもトロントまでですか。
男の人：実は、まずトロントに行くんですが、それからモントリオールへ向います。
あなた：どちらからいらしたんですか。
男の人：インドネシアです。
あなた：ああ、バリには一度行きました、5年くらい前に。きれいなところですね。
男の人：それはよかった。日本の方ですか。
あなた：ええ、大阪です。
男の人：ああ、大阪なら行ったことありますよ……

★★★ 列車の中で向かい合わせに座っている人に 〈track 48〉

You: Would you like some snacks?
Woman: Thank you. Oh, this is pretty. What is it?
You: It's a type of Japanese cracker, made from rice and shrimp. How do you like it?
Woman: It's a little bit salty, but I like it. Did you bring it with you all the way from Japan?

Chapter 4 ● 交通

You: I don't like a lot of sweets, but this way I have something to snack on.
Woman: Where are you going?

あなた：お菓子を召し上がりませんか。
女の人：ありがとう。あら、これかわいいわね。何かしら？
あなた：日本のクラッカーで、米とエビから作るんです。いかがですか。
女の人：ちょっと塩からいけどおいしいわ。日本からわざわざ持ってらしたの。
あなた：私、甘いものはあまり好きじゃないんです。でも、こういったものならおやつにできるので。
女の人：どちらまでいらっしゃるの？

Tips for Trips

交通手段に手段を選ばず

　海外で、いろいろな交通機関を利用して旅をするのはなかなか楽しいものだ。たとえばアメリカでは、何車線もの広々としたハイウエーを車で突っ走ったり、東と西では3時間の時差のある大陸を飛行機で駆け巡るのも爽快だ。

　イギリスからフランスに渡るときは、ドーバー海峡を船で渡ってみるのもいい。ロマンに満ちた船の旅が経験できるだろう。

　また、各都市の地下鉄事情を比べてみるのも面白いかもしれない。安全度や清潔度、到着時刻の正確さ、値段、そして乗客の表情などを比較してみると、お国柄がよくわかり、旅がさらに興味深いものになるだろう。

●アメリカ大陸を車で突っ走る

　アメリカの広い大地を車で突っ走るのは、痛快だ。しかし、アメリカで車を運転するときに注意しなければならないことがいくつかある。たとえば、アメリカでは交通法規は州ごとに制定されており、州や町によって規則が微妙に異なる。たとえば、ほとんどの州では赤信号でも安全であれば右折(日本の左折に相当)が許されているのだが、それが許されていない地域(例:ニューヨーク市)を指定している州があったりする。

　また、アメリカでは、ガソリンスタンドに関する規則も州によって異なる。たとえば、カリフォルニア州では、ほとんどのガソリンスタンドが自分でガソリンを入れるセルフサービス(self-service)で、スタンドの従業員に入れてもらうフ

ルサービス(full-service)は極端に値段が高い。その一方で、ニュージャージーなど、セルフサービスを禁じている州もある。禁止の理由は、そういった州ではガソリンは「危険物」扱いされており、一般の人が取り扱うことは禁止されているから、ということらしい。しかし、実際のところ、それよりもっと重要な理由は、ガソリンスタンドの従業員の賃金確保のためのようだ。

●ガソリンが入れられない車？

ところで、レンタカーを借りてドライブに出た場合、途中でハタと困るのが、車の細かい操作方法がわからないときだ。たとえば、フォード社のある車種の場合、ガソリン入れのフタ(fuel filler door)には鍵穴がなく、しかも開閉装置が(何と！)助手席の小物入れ(glove compartment)の中に隠されているのだ。はじめてこの車種の車を借りてドライブに出かけた日本人は、みな、セルフサービスのガソリンスタンドで啞然とする。そういうことにならないように、レンタカー・オフィスで車を借りるときは、出発の前に操作方法を一通り確認しておこう。

しかし、また、こんなことを経験するのも海外旅行ならではのことだ。そして、車でアメリカを旅行すると、典型的な車社会といわれるアメリカの文化や習慣を、より身近なところで体験できるという面白さもある。

●飛行機で時間とお金をセーブする

アメリカは、先にも述べたが、大陸内だけでも3時間の時差があるくらいに広い。したがって、移動のために飛行機はきわめて日常的に用いられており、航空料金も日本に比べるとずっと安い。ディスカウントチケット(discount ticket＝格安航空券)も、路線や航空会社により異なるが、いろいろなものが出ている。次は、アメリカの航空会社でよく売り出されている国内線用ディスカウントチケットの例だ。

Three-Week Advance Ticket：航空券は、一般に購入

の時期が早ければ早いほど安く買える可能性がある。出発日の3週間前、あるいは2週間前までにチケットを購入するという条件で安価な航空券を販売している航空会社は多い。現地に長く滞在して先々まで予定を立てて行動するのなら、この種のディスカウントチケットを狙うべきだ。

Red-Eye Flight：これは、西海岸から東海岸に向かって大陸を横断するとき役に立つ便。たとえば、ロサンゼルスを夜中近くに発つとニューヨークには朝到着する。そのため、通称、red-eye（寝不足で目が赤くなるというところから）と呼ばれるているが、この便も空いていることが多いため、たいていディスカウントがきく。

出発日を調整する／One Stop Over する：1週間のうち週日や週末のど真ん中に出発するとか、直行便（non-stop）の代わりに立ち寄り便（one stop over）にするなどの方法をとることによって安く買える場合がある。旅行者の場合は、ビジネスマンと違って、飛行機が混んでいるときを避けて移動できるし、いろいろな都市を旅行して回りたければ、直行便よりも立ち寄り便のほうがかえって便利なこともある。そういった場合は、この種の航空券を探してみよう。

●格安航空券購入上の注意点

このように、アメリカの国内線航空券の購入にあたっては、いろいろなチョイスがある。しかし、安く買えるのは、それぞれにいろいろな条件を満たした上でのことである。そして、安ければ安いほど、航空券の予約、購入、利用にあたっての制限（restrictions）も多くなるのが普通だ。さらに、航空会社や季節によってもディスカウントの条件は異なる。

また、ディスカウントチケットの場合、いったん購入してから日程を変えたりキャンセルすると料金がかかる（subject to a change and cancellation penalty）ものも多い。したがって、払い戻し不可能（non-refundable）なチケットを買うときなどは、かなりの慎重さで旅のスケジュールを立てる必要がある。　　　　　　　　（高橋朋子）

Chapter 5
食事

Chapter 5 ● Dining

食事

KEY EXPRESSIONS

　旅に食事はつきもの。「旅行の楽しみの大半は食べること」と考えている人にとって、食事にまつわる体験の中で使った英語や聞いた英語は、食べ物の味とともに脳裏に焼きついて忘れがたいものとなるでしょう。

　Chapter 5 の KEY EXPRESSIONS では、旅先のレストランで食事をするときに必要な表現を、テーブルの予約から最後の支払いまで通して紹介します。また、食事中のエチケットや欧米の食文化についても触れてありますから、食事を楽しみながら、あなたの英語をおいしく味付けしてください。

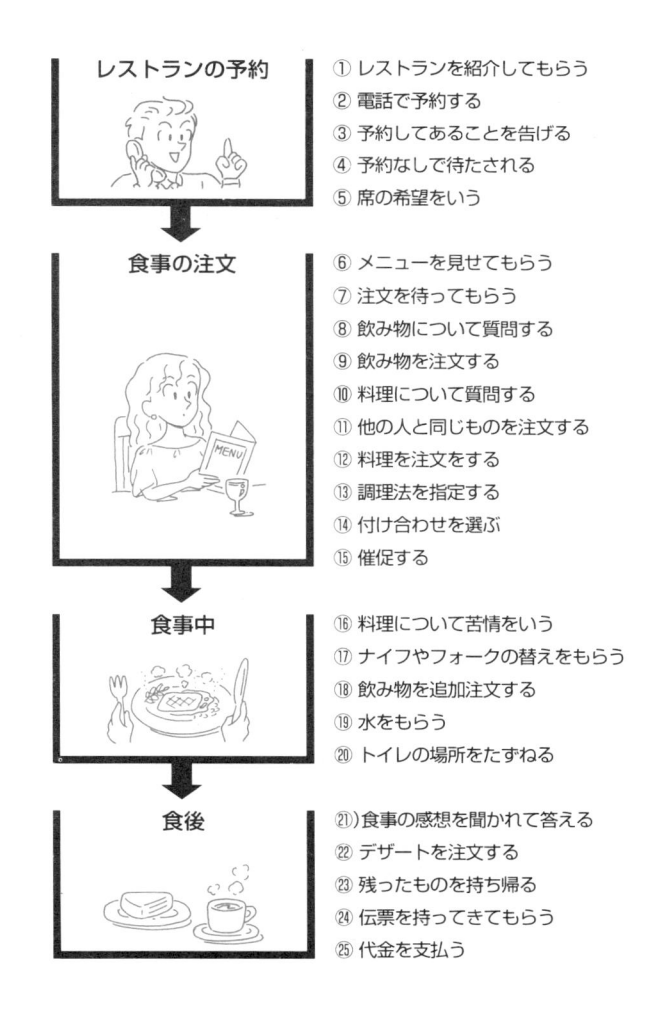

レストランの予約

① レストランを紹介してもらう
② 電話で予約する
③ 予約してあることを告げる
④ 予約なしで待たされる
⑤ 席の希望をいう

食事の注文

⑥ メニューを見せてもらう
⑦ 注文を待ってもらう
⑧ 飲み物について質問する
⑨ 飲み物を注文する
⑩ 料理について質問する
⑪ 他の人と同じものを注文する
⑫ 料理を注文をする
⑬ 調理法を指定する
⑭ 付け合わせを選ぶ
⑮ 催促する

食事中

⑯ 料理について苦情をいう
⑰ ナイフやフォークの替えをもらう
⑱ 飲み物を追加注文する
⑲ 水をもらう
⑳ トイレの場所をたずねる

食後

㉑ 食事の感想を聞かれて答える
㉒ デザートを注文する
㉓ 残ったものを持ち帰る
㉔ 伝票を持ってきてもらう
㉕ 代金を支払う

KEY EXPRESSIONS
基本編

I'd like to make a reservation for two at seven tonight.
(今晩7時に2名、予約したいんですが)

食事の予約は、このようにいってから名前を告げる。「明日6時に3名」なら、for three at six tomorrow だ。

I'll have this one.
(これにします)

食事の注文は、メニューを指さしてこういえば事足りる。同席者と同じものにするのなら、I'll have the same. だ。

Chapter 5 ●食事

Could you bring me another beer?

(ビールをもう1本、持ってきてくれませんか)

お代わりは、another を使って頼む。最初に頼むときは、a beer とか、a Coke という。

Check, please.

(お勘定をお願いします)

食事が終わって、勘定書を持ってきてもらうには、Excuse me. と給仕係の注意を引いてから、こういう。

レストランの予約

① レストランを紹介してもらう

Do you know any good restaurants around here?

(この辺りでいいレストランを知りませんか)

② 電話で予約する

I'd like to make a reservation for two at seven tonight.

(今晩7時に2名予約したいのですが)

③ レストランに到着。予約してあることを告げる

My name is Yamamoto. I have a reservation.

(山本といいます。予約してあります)

④ 予約なしで待たされる

How long a wait do you think there'll be?

(どのくらい待つことになりますか)

⑤ 席の希望をいう

We'd like a table near the window, please.

(窓の近くのテーブルをお願いします)

Chapter 5 ● 食事

料理そのものより値段のほうが問題の場合は、good の代わりに inexpensive (あまり高くない) を使うとよい。食べたい料理が決まっているときは、Can you recommend a good Italian ⟨Chinese⟩ restaurant? (いいイタリア／中華料理の店を推薦してくれませんか) と、的を絞ってたずねてみよう。

高級レストランに限らず流行っている店であれば (特に金曜と土曜の夜は)、あらかじめ予約を入れておくほうが無難だ。make a reservation の代わりに reserve a table という表現を使ってもよい。My name is Sato—S-A-T-O. と名前のスペル (spelling) を告げることもお忘れなく。

レストランに入るとすぐ、Please wait to be seated. または Please wait for our attendant. と書いたサインをよく目にする。つまり、支配人 (manager/maître d') または給仕頭 (head waiter/head waitress) が席に案内してくれるのをここで待つわけだが、その時点で、予約してあることを告げよう。

予約なしで行ったら満席。Would you mind waiting? (お待ちいただけますか) と聞かれた。ここでは、より簡単に How long will we have to wait? (どのくらい待たなければなりませんか) ということもできる。ただし、have to には少々不満のニュアンスが感じられるので、強調し過ぎないように。

店が混んでいないときは、I'd ⟨We'd⟩ like a table + [場所] のように希望をいおう。もし Would you like a table in the smoking or non-smoking section? (喫煙席になさいますか、それとも禁煙席に?) と聞かれたら、In the non-smoking section, please. のように答えればよい。

食事の注文 ①

⑥ メニューを見せてもらう

Excuse me. Could I have a menu, please?
(すみません、メニューをもらえますか)

⑦ 頼むものが決まらないので注文を待ってもらう

We haven't decided yet. Could you give us a little longer?
(まだ決まってないので、もう少し時間をくれますか)

⑧ 飲み物について質問する

What kind of wine do you have?
(どんなワインがありますか)

⑨ 飲み物を注文する

I'll have a glass of white wine— Chardonnay, please.
(白ワイン、シャルドネをグラスでください)

⑩ 料理について質問する

Is this dish very spicy?
(この料理はかなりスパイスがきいていますか)

Chapter 5 ● 食事

席に案内された時点で menu を渡されるのがふつうだが、なかなか持ってきてくれないときは、こういってリクエストしよう。wine list (ワインのメニュー)を見たい場合は、I'd like to see a wine list. または、Can you show me 〈Would you bring me/Could I have〉 a wine list? という。

これは、May I take your order? または Are you ready to order now? (注文はお決まりですか)とたずねられて、何にするかまだ決まっていないときの表現だ。decided の代わりに made up our minds を使ってもよい。What do you recommend 〈suggest〉? とお勧め品をたずねてもよいだろう。

食事を注文する前に、まず Would you like 〈Can I get you〉 something to drink? (何かお飲み物は?)と聞かれるだろう。ワインやビールは種類や銘柄(brand)が豊富だから、このようにたずねたり、メニューを見ながら What's this beer like? (このビールはどんな味ですか)と聞いてみるとよい。

注文するときは、I'll have . . . や I'd like (to order). . . が重宝だ。ワインやビールは、a glass 〈bottle〉 of . . . のほかに、a carafe of house wine (ハウスワインをカラフ1杯)、a pitcher of draft beer (生ビールをピッチャー1杯)、a large mug of beer (ビールを大ジョッキ1杯)と注文できる。

「辛い」は hot だが、「熱い」と区別するために、spicy や spicy hot を使うことが多い。「脂っこい」は greasy。Does it take long to prepare? (調理に時間がかかりますか)や What's the difference between these two dishes? (このふたつの料理はどう違うのですか)のような質問も便利だ。

食事の注文 ②

⑪ 他の人と同じものを注文する
I'll have the same.
(私も同じものにします)

⑫ 料理を注文をする
I'll take this "Steak Dinner."
(このステーキディナーというのにします)

⑬ 調理法を指定する
I'd like it medium rare.
(ミディアム・レアでお願いします)

⑭ 付け合わせを選ぶ
Can I have mashed potatoes without gravy?
(マッシュポテトを、グレービーをかけずにお願いします)

⑮ 催促する
I ordered a beer ten minutes ago.
(ビールを10分前に頼んだのですけど)

Chapter 5 ● 食事

同伴者と同じものを頼みたいときは、Me, too. ではなく、せめてこういいたいもの。メニューを見てもよくわからないときは、近くの人が食べている物を見て That looks delicious. What is it? (おいしそうですね。あれは何ですか) とたずね、I'll have the same. (同じのをください) と注文するのも迷案(!?)。

I'll have ⟨I'd like (to order)⟩... と注文してもよい。中華式に同じ料理を皆で食べたい場合は、We're going to share a Seafood Combination and a Caesar Salad. (魚介類の盛り合わせとシーザーサラダをシェアします) のようにいえば、人数分の取り皿(plates)を持ってきてくれるはずだ。

ステーキの場合、How would you like your steak? (焼き加減はどのように?) と聞かれるのが常だ。I'd like it medium. (ミディアムで) のほか、Well-done, please. (ウェルダンで) のように簡単に答えてもよい。辛さを mild、medium-hot、hot、extra-hot のように指定する料理もある。

Served with A or B (A または B 付き) と付け合わせにチョイスがある場合は、I'd like ⟨Can I have⟩...? と希望をいう。肉やマッシュポテトにかける gravy (肉汁で作ったソース) が好きではない人は、左のように頼むとよい。ポテトの付け合わせは、ほかに baked potato や French fries が典型的だ。

何か催促や依頼、苦情がある場合はまず、Excuse me! あるいは Waiter! とか Miss! といってウエーター、ウエートレスを席に呼ぼう。ten minutes ago の代わりに long time ago (ずっと前に) を使ったり、My order hasn't come yet. (まだ注文したものが来ていません) というのも効果的だ。

食事中

⑯ 料理について苦情をいう
This chicken is a bit undercooked.
(このチキンちょっと生焼けなんですけど)

⑰ ナイフやフォークの替えを持ってきてもらう
Excuse me, but could you bring me another fork, please?
(すみません、別のフォークを持ってきてくれませんか)

⑱ 飲み物を追加注文する
Could you bring me another beer?
(ビールをもう1本持ってきてくれませんか)

⑲ 水をもらう
Could I have a glass of water?
(水を1杯もらえますか)

⑳ トイレの場所をたずねる
Where is the restroom?
(トイレはどこですか)

Chapter 5 ●食事

反対に「焼き過ぎ」は overcooked または burnt だ。スープの場合、This soup is cold 〈a bit too salty〉. (冷めてる／ちょっと塩辛すぎる)ということもあるだろう。違う料理が来たときは、This is not what I ordered. (注文と違います)、We didn't order this. (これは頼みませんでした)と抗議しよう。

ナイフやフォークを落としたときは、自分で拾わないのがエチケットだ。My fork fell on the floor. (フォークが床に落ちてしまいました)とか I dropped my knife. (ナイフを落としてしまいました)といってから、May I have another one? (もう1本もらえますか)と頼むのも自然だ。

ビールなどの飲み物は a bottle of . . . のように容器を単位にして量を示すのがふつうだが、レストランなど、量の単位がわかりきっている状況では、a beer (追加のときは another beer) のようにいうのが一般的だ。ちなみに、お酌の習慣のある日本と違って欧米ではビール瓶は個人用の小瓶が標準的。

何か持ってきてほしいときは、Would 〈Could/Can〉 you bring . . . ? (～を持ってきてもらえますか)、Could 〈May/Can〉 I have . . . ? (～をもらえますか)などと頼む。ただし、全員に持ってきてほしいときは、We'd like some water, please. のように主語を we にする。

食事中に席を立つのはあまりお勧めできないが、必要に迫られたときは、Excuse me. といって席を立とう。restroom のほかに ladies' room (婦人用トイレ)、men's room (紳士用トイレ)を使ってもよい。手を洗いに行く感じで Excuse me, but I'd like to wash my hands. というのもスマートだ。

食後

㉑ ウエーター／ウエートレスに食事の感想を聞かれて答える

Yes, it was very good. Thank you.

(とてもおいしかったです。ごちそうさま)

㉒ デザートを注文する

Could I have a scoop of vanilla ice cream on my pie?

(パイにバニラアイスを付けてもらえませんか)

㉓ 残ったものを持ち帰る

Can I have a doggie bag?

(ドギーバッグにしてもらえませんか)

㉔ 伝票を持ってきてもらう

Could I have the check, please?

(伝票をもらえますか)

㉕ 代金を払う

Can I pay by credit card?

(カードで払えますか)

Chapter 5 ● 食事

食事が終わった頃、よく Did you enjoy your dinner? (お口に合いましたでしょうか)とたずねられるが、そのときはこのように肯定的かつ簡潔に答えればよい。食事中にもよく How's everything? と聞かれるが、これにも It's delicious ⟨very good⟩. Thank you. と返せばよい。

どんなに満腹でも、There's always room for dessert. (デザートはいつでも食べられる)ものらしい。Would you like some dessert? (デザートはいかがですか)と聞かれると、反射的に Could I have . . . ? といってしまうのは実に恐ろしいことだ。ダイエット中の人は、No, thank you. と答える練習を!

欧米、とりわけアメリカのレストランの食事は量が多い。もともと「犬のために食べ残しを持ち帰る」という口実が、通称 doggie bag(残り物の持ち帰り袋)の由来。犬なんか飼っていないし、何か白々しいと思う人は、Can I take this home? (これを持ち帰りたいのですが)と、堂々と主張しよう。

食事がすんだらテーブルで伝票(check/bill)を持ってきてくれるのを待つのだが、給仕係が最後に Anything else? (ほかにご注文はございませんか)と聞いてきたときに、こういえばよい。単に Check, please. でもよい。給仕係が遠くにいるときは、手にものを書くようなジェスチャーをしてみせよう。

店によっては、代金をテーブルで払わずに cashier(レジ)で払う場合もある。これは周りの様子を観察すればわかることだが、Where can I pay? (お勘定はどこですればいいのですか)と聞くのもよし。business trip(出張)の場合は、Could I have a receipt? といってレシートをもらうのをお忘れなく。

SKITS

SKIT 1 このワニのフリッターって何？

Masao: I'm getting hungry. How about you?

Akiko: Me, too. Do you know any good restaurants around here?

Masao: There should be a Cajun restaurant called Captain Cook's around here. I heard the food is great. Oh, here it is.

(in the restaurant)

Head waitress (HW): Good evening. How many?

Masao: Two.

HW: Unfortunately, all our tables are full now. Would you mind waiting at the bar?

Masao: How long do you think we will have to wait?

HW: It shouldn't be long. Fifteen minutes at the most.

Masao: OK. We can wait. C'mon, Akiko, let's

SKIT 1

正夫：お腹がすいてきたなあ。君は？
明子：私も。この辺りにいいレストラン知ってる？
正夫：「キャプテン・クック」っていうケージャン・レストランがこの辺にあるはずだけど。なかなかおいしいって聞いたんだ。あっ、あったぞ！
(レストランで)
給仕頭(HW)：いらっしゃいませ。何名様でしょうか。
正夫：2名です。
HW：申し訳ありませんが、ただいま満席でございます。バーでお待ちいただけますでしょうか。
正夫：どれくらい待たなきゃなりませんか。

Chapter 5 ● 食事

have a drink.
(at the table)
Akiko: Can you find a menu somewhere?
Masao: No, I think they forgot to bring us one.
Akiko: Here comes the waiter.
Waiter (W): Good evening. What would you like to eat tonight?
Masao: Well, could we have a menu first, please?
W: Oh, I'm sorry. Here you are . . . Can I get

W：長くはかからないはずです。せいぜい15分でしょう。
正夫：オーケー、待ちましょう。
明子、さあ飲もう。
(テーブルで)
明子：どこかにメニューがある？
正夫：ないなあ。持ってくるのを忘れたんだろう。
明子：ほら、ウエーターが来たわ。
W：いらっしゃいませ。今晩は何をお召し上がりになりますか。
正夫：えーと、まずメニューをいただけますか。
W：あっ、申し訳ありません。さあ、どうぞ？ ……何かお飲み物をお持ちしますか。
正夫：ワインは何がありますか。
W：ワインリストのここにありますが、ほかにハウスワインのロゼとシャルドネがございます。

you something to drink?

Akiko: What kind of wine do you have?

W: It's here, on the wine list. We also have a house wine, available in rosé and Chardonnay.

Akiko: I'd like a glass of Chardonnay, please.

Masao: I'll have a beer. Do you have Michelob?

W: Yes. What would you like as a starter?

Akiko: What is this "alligator fritter"?

W: It's fried alligator meat. It's very delicious, a little crunchy.

Akiko: Hmm. Do you want to try some, Masao?

Masao: Sure, why not? That's why I'm here —to try new things.

Akiko: We'll have an order of this alligator dish.

W: Yes, ma'am. Can I also take your order for your entrées now?

明子：シャルドネをグラスでお願いします。
正夫：僕はビールをください。ミケロブがありますか。
W：はい。前菜は何になさいますか。
明子：この「ワニのフリッター」って何?
W：ワニ肉のフライです。おいしいですよ。少しコリコリして。
明子：フーン。正夫、食べてみたい?
正夫：当然さ。ここにいるのはそのためさ。新しいことを経験するためにね。
明子：このワニをお願いします。
W：かしこまりました。メインディッシュのほうのご注文もいまお取りしてよろしいでしょうか。
明子：ええ。私はレッド・スナッ

Chapter 5 ● 食事

Akiko: Yes. I want to try the red snapper—but is it very spicy?
W: It's a little spicy, but I think you'll like it.
Akiko: Then I'll have the red snapper.
Masao: I'll take the gumbo.
W: Ah, excellent choices.

SKIT 2 あっ、フォークを落としちゃった

Masao: This is a nice restaurant, isn't it?
Akiko: It's wonderful. The view is simply beautiful. How did you find out about this restaurant?
Masao: Well, I'm a sophisticated traveler. I know all the great restaurants in the world.
Akiko: Sophisticated traveler, huh? I bet you picked the first restaurant you found in the guidebook.
Masao: I'll pretend I didn't hear that. How's the fish?

パーを食べてみたいんですけど、これ、すごく辛いんでしょうか。
W：多少辛いですが、お気に召すと思いますよ。
明子：じゃ、レッド・スナッパーをお願いします。
正夫：僕はガンボ。
W：おふたりともいい料理を選ばれましたね。

SKIT 2

正夫：いいレストランだろう？
明子：すばらしいわ。眺めがまた何ともいえなくて。どうやってこの店を見つけたの？
正夫：僕は洗練された旅行者だから、世界中のいいレストランは全部知ってるのさ。
明子：ふーん、洗練された旅行者

Akiko: Mmm, delicious! Here, have a bite.

Masao: Mmm, it's good. Do you want to try some of mine?

Akiko: OK, just a bit. Oops—I dropped my fork. (to the waiter) Excuse me . . .

W: Yes, is anything wrong?

Akiko: I dropped my fork. Could you bring me another one, please?

W: Certainly, madam.

(W comes back with a new fork)

W: Here's your new fork, madam. How's the

ねえ。ガイドブックの最初に書いてあったレストランを選んだだけでしょうに。
正夫：それは聞かなかったことにしておこうっと。どお、その魚？
明子：おいしい！　ほら、一口食べてみて。
正夫：うん、これはいける。僕のも少し食べてみる？
明子：じゃあ、ちょっとだけ。あっ、フォークを落としちゃった。(Wに)すみませーん。
W：はい、何か？
明子：フォークを落としちゃったんです。別のを持ってきてもらえますか。
W：かしこまりました。
(Wがフォークを持ってくる)
W：はい、新しいフォークです。料理はいかがですか。レッドスナ

Chapter 5 ● 食事

meal? Is the red snapper too spicy?
Akiko: No, it's fine—but could I have a glass of water?
W: Yes, certainly.
Masao: And could you bring me another Michelob?
W: Coming right up.
(W comes back again)
W: Here you go. A glass of water and a Michelob. Please enjoy the rest of your meal.
Masao: Oh, can you tell me where the restroom is?
W: It's on the other side of the restaurant. I'll show you.
Masao: Thank you. (to Akiko) Excuse me for a minute.
Akiko: Take your time. I'll just finish eating your gumbo for you.
Masao: Please stay away from my plate!

ッパーは辛すぎませんか。
明子:いいえ、おいしいわ。でも、お水を1杯いただけます?
W:はい、承知しました。
正夫:僕もミケロブをもう1本。
W:すぐにお持ちいたします。
(W戻ってくる)
W:さあ、どうぞ、お水とミケロブです。では残りのお食事をお楽しみください。
正夫:あの、トイレはどこか教えてくれませんか。
W:レストランの向こう側になります。ご案内しましょう。
正夫:ありがとう。(明子に)ちょっと失礼。
明子:ごゆっくりどうぞ。あなたのガンボ食べ終わっちゃうから。
正夫:おいおい、僕の料理に手をつけないでおくれよ。

花より団子
積極アプローチ

　「食べる」、「話す」というこのふたつの行為は相乗効果がある。話がはずめば食事がさらにおいしくなるし、食べ物がうまいと、話がさらにはずむ。レストランでひとりで食事をするときなど、最初から最後まで黙々と食べているばかりでは、いかにも味気ない。そんなときは、水のお代わりを持ってきたウエーターやウエートレスに、It's really good.（とてもおいしいです）といってみたり、隣のテーブルの人に、That looks delicious.（それ、おいしそうですね）と笑顔で話しかけてみよう。この、見ず知らずの人に話かける、ということに抵抗感を持たないでほしい。日本と違って欧米では、目と目が合ったら微笑むのが常識。決して変人扱いされたりしないから安心して笑顔を振りまこう。

　食べ物と関連した積極アプローチのもうひとつのチャンスは、street eating のときにある。vender にホットドッグやシシカバブを作ってもらっている間、ただ黙って待っているなんて無駄をしてはいけない。相手は手慣れた仕事をしているのだ。話しかけたからといって、決して仕事の邪魔にはならないだろう。

積極度1（★）	通りで食べ物を売る人は、旅行者から話しかけられることに慣れている。気軽に声をかけよう。
積極度2（★★）	誰でも、自分の仕事に関心を持ってもらえれば気持ちがいい。そこが、このアプローチの狙いだ。
積極度3（★★★）	食事中、他の客に話しかけるのはためらわれるが、食堂のカウンターでなら自然にいくだろう。

Chapter 5 ● 食事

★ 通りのホットドッグ売りと

You: I'll take a hot dog and a cola.
Vendor: Do you want mustard and ketchup?
You: Just some mustard, please. I heard the hot dogs in Chicago are the best in the U.S.
Vendor: And mine are the best in Chicago.
You: Then this is my lucky day. Are you here every day?
Vendor: Every day, eleven to seven.
You: Oh, you're right. This is really good. I'll be sure and come back again tomorrow.

あなた：ホットドッグとコーラをちょうだい。
売り子：マスタードとケチャップをかけますか。
あなた：マスタードだけお願い。シカゴのホットドッグはアメリカで一番だって聞いたけど。
売り子：そして、うちのはシカゴで一番さ。
あなた：じゃあ、きょうはラッキーな日だわ。毎日ここにいるの？
売り子：毎日、11時から7時まで。
あなた：うん、ほんとだわ。とてもおいしい。あしたも来なきゃ。

★★ ピザ・レストランでピザマンに

You: That's a pretty big pizza. I never saw one as big as that before. Is it difficult to make?
Pizza man: It's easy for me. I've been doing this for more than ten years.
You: Are you Italian?
Pizza man: As a matter of fact, my great grandfather came over from Sicily at the turn of the

century.
You: Do you speak Italian?
Pizza man: Probably about as much as you do.

あなた：とっても大きいピザね。こんな大きいのを見るのは初めてよ。難しいの？
ピザマン：簡単さ。もう10年以上もやってるんだから。
あなた：あなたイタリア人？
ピザマン：実は、ひいじいさんが今世紀初めにシチリー島からやってきたのさ。
あなた：イタリア語が話せるの？
ピザマン：たぶん、あんたと同じくらいね。

★★★ 食堂のカウンターで隣に座っている人に

You: This is pretty good, isn't it?
Man: Yes, sir. I come here for breakfast every day, Monday through Friday, before I go to work.
You: You do? Why so often?
Man: My wife doesn't like to cook in the morning. Besides, she can't make a breakfast as good as this.
You: Yes, it's really good, and they give you a lot . . . Do they serve dinner, too?

あなた：なかなかおいしいですね。
男の人：そうですとも。私は朝食に毎日来ます。月曜から金曜まで、仕事前にね。
あなた：そうですか。何でまたそんなに。
男の人：ワイフは朝料理するのが好きじゃないんです。それに、ここのほどおいしくできっこないし。
あなた：ええ、とてもおいしいですね。量も多いし。ここは夕食も食べられるのですか。

Tips for Trips

海外で食事をスマートに楽しむ

　海外旅行の楽しみのひとつは、何といっても食事だ。異国の地で名物料理をお腹いっぱい食べてみたい、エキゾチックなムードのレストランでロマンチックな食事をしてみたい、と誰もが夢見るものだ。しかし、海外のレストランは勝手が違うため、戸惑うことも多い。特に、レストランが高級になればなるほど、さまざまな習慣の違いが顕著になる。

　では、外国のレストランでスマートに食事を楽しむためのポイントを、レストランに到着してからレストランを後にするまで、順を追って見ていこう。

●レストランにカッコよく入る

　欧米では、ちょっとしたレストランであれば、入り口近くにクローク(cloakroom、coatroom、checkroom などと呼ばれる)があるのが普通だ。ここで、クローク係が Shall I take your coat(s)?(コートをお預かりしましょうか)と声をかけてきたら、Yes, thank you. といってコートを預ける。声をかけられる前に自分のほうから、気取って Good evening. あるいは、親しげに Hi, how are you? といって預けにいくのもカッコいい。(このようにコートを預けた場合、帰りにコートを受け取るとき、クローク係にチップ渡すことをお忘れなく。レストランの格式にもよるが、アメリカではハンガー1本につき1ドル程度が普通で、同伴者のコートといっしょに掛けてもらうことも可能だ)。

　チップを出すのが惜しい人や、大切なコートや荷物がなくなるのではないかと心配な人は、クローク係に声をかけられ

たとき、That's okay. I'm going to put it on my chair.(結構です。イスのところに掛けておきますから)とか、No, thank you. It's a bit chilly in here.(結構です。ここはちょっと肌寒いみたい)などといって断わり、コートを自分の席に持っていってもいいだろう。ただし、ぶ厚い冬のコートや大きな手荷物は食事の邪魔になるので、預けたほうが無難だ。

クロークにコートを預ける前か後に、マネージャー(または給仕頭)が Good evening. と挨拶をしながら近づいてくる。そして、ここでまず最初に聞かれるのが、How many persons?(何名様ですか)という質問だ。これには、Just one.(ひとりだけです)とか Three of us.(3人です)などと答えればいい。テーブルが予約してある場合は、I have a reservation for four.(4人で予約してあります)のようにいう。

●注文は冒険心と自信をもって

さて、テーブルについたら、次は注文だ。まず、ビールやワイン、またはコーラなどのソフトドリンクを注文する。もちろん、ミネラルウオーターでもよい。コーヒーや紅茶は食後に頼むのが普通だが、どうしても食前や食事中に飲みたいときは Can I have some coffee now?(コーヒーをいまもらえますか)といえばよい。

そして、慣れないうちは誰もが多少なりとも戸惑うのが食事の注文だ。メニューを見て「どうしよう!」、「何これ?」と叫びたくなることもあるかもしれない。しかし、たいていの場合、料理名の下に調理方法が書いてあるので救われる。pork、chicken、beef などの肉類や potatoes、broccoli、carrots といった野菜がどのように調理されているかがわかれば話は早い(次のページに主な調理方法の英語表現をあげておく)。

たとえば、sliced beef and vegetables simmered in soy sauce and *sake* という説明があったとしよう。これ

調理方法いろいろ

baked	オーブンで(水気がなくなるまで)焼いた
barbecued	(バーベキューソースを付けて/串に通して)炭火で焼いた
braised	炒めてから蓋をしたままで(ソースなどで)煮た/蒸した
boiled	ゆでた
broiled	直火で焼いた、あぶった
chopped	細切れにした(ただし、pork chop は豚肉の厚切り)
cubed	さいころ形の、さいころ形に切った
deep-fried	油で揚げた、から揚げにした
fried	炒めた、揚げた、(フライパンで)焼いた
grilled	(焼き網を使って)直火で焼いた
ground	挽いた
marinated	つけ汁に漬けて下味を付けた
mashed	つぶした
poached	形がくずれないように煮た
roasted	ソースなどといっしょにオーブンやフライパンで焼いた/煎った
sautéed	小量の油で手早く炒めた
shredded	千切りにした
simmered	弱火で(沸騰しないように)煮た
sliced	薄切りにした
smoked	いぶした
steamed	蒸した

● barbecue、broil、grill は、いずれも「直火で焼く」ことであるため、区別があいまいなことがある。

は、「薄切りの肉と野菜を醬油と酒で焦げないように煮たもの」という意味だから、何となくどんな料理か予想がつく(ただし、まさかこれが「すきやき」だとわかる人は少ないだろう)。

しかし、外国で注文するときいちばん大切なのは、英語力そのものよりも、「何でも食べてやろう」という冒険心とお客としての威厳、プライド、そして自信だろう。

●酔っ払いは最低！

うまく注文ができて、出てきた料理がとてもおいしければ大成功だ。しかし、ここで、「いい気分だからお酒もたくさん飲んでしまおう」と勢いづくのはたいへん危険だ。特に、ピューリタン精神の強い土地では、人前で酔ったり、酒に飲まれて醜態をさらしたりすることは極力避けよう(水代わりにワインを昼間から飲んでいるヨーロッパ人よりアメリカ人のほうが、この点とても「堅い」)。

たとえば、アメリカ・ピューリタンの本家本元であるボストンでは、ウイスキーをダブルで注文すると、ウエートレスに It's illegal to serve a double.(ダブルでサービスするのは違法です)とキッパリ断られる。つまり、早く酔うような飲み方をレストランやバーでは禁止しているのである。

また、アメリカは典型的な車社会だ。外で食事をする場合、帰りにも誰かが車を運転しなければならないのが普通だ。そういった場合、食事中シラフを通して帰りに運転手を勤める人(designated driver)をひとりだけ決めておく必要ある。実際、同じテーブルの人が全員でお酒をガブガブ飲んでいたりすると、マネージャーが飛んできて注意することも稀ではない。そうでなくても、「飲めや、歌えや」の大騒ぎなどは禁物だ。日本の居酒屋のように「飲むことを目的とした」食事は、旅行中は控えるのが賢明といえそうだ。

●チップをお忘れなく

食事が終わって、最後にしなければならないのが支払いだ。

欧米では、勘定はテーブルで行うのが一般的である。食事が終わって、ウエーターやウエートレスが請求書（check、bill）を持ってきてくれたら、チップをいくらにするか、食事代から割り出す。

チップは、夕飯であれば食事代の約15パーセント、その他の食事は10パーセント程度が通例だ。たとえば、夕食代が64ドル35セントだったとしよう。この場合、64.35×0.15＝9.6525だから、チップは9ドル65セントとか、10ドルちょうどにしようなどと、臨機応変に決断する（酔っていると計算もあやしくなるから、やはり飲み過ぎは禁物だ）。

そして、実際のチップの払い方には次のような方法がある。①食事代を現金やトラベラーズチェックやカードで払った後で、チップを（もちろん現金で）別にテーブルに置く。②食事代（上の例の場合は $64.35）とチップ（$9.65）を足した74ドルをテーブルに置き、I left the bill and your tip on the table. とウエーター、ウエートレスに声をかけて帰る。

②の、食事代とチップをまとめて払う方法は、カードで支払うときも使うことができる。すなわち、カードの sales slip をもらったら、tips と書いてある欄に $9.65 と記入し、total（合計）の欄に $74.00 と記入してサインをすればいいのだ。同様に、泊まっているホテル内のレストランを利用したときも、勘定書に Tips $9.65 と書き込んでサインをすれば、チップも食事代といっしょに自分の部屋に付けてもらうことができる。

日本人観光客の中には、計算違いをしたりケチったがために、ウエーターやウエートレスに追いかけられたという経験を持つ人がけっこういる。チップをもらう職業の人たちの基本給はかなり低くおさえてあるのが普通で、チップが給料の大部分を占めていることもまれではない。チップをケチるということは、そういう人たちの給料を取り上げるようなものである。チップも日本ではできない「体験代」だと思って、多少奮発するように心掛けよう。

（高橋朋子）

長い列は美味しさに無関係？

　ニューヨーカーは並ぶのがお好き。客が入っていないレストランには誰も入ろうとしないが、店の前に長い列ができているレストランとなると、30分以上待たされてもいいから入りたいという人が多い(たとえ寒い冬の日でも)。ところが、このように長い列ができているのだから、きっと料理がおいしいにちがいないだろうと思うのは早合点で、入ってみると味はひどいしサービスも悪い、ということがある。

　では、なぜ、そんなレストランに並んでまで入ろうとするのかというと、それは、ニューヨーカーたちの中にはトレンド・コンシャスな(trend conscious＝流行に敏感な)人が多いからである。

　ニューヨークのレストランの中には、料理そのものを売り物にするのではなく、インテリアが面白かったり、コンセプトが目新しい(たとえばタイ料理とフランス料理の組み合わせ)ところも多い。新しいレストランが *New York Magazine* や *New York Times* などで紹介されると、まず特にトレンド・コンシャスな業界人(たとえばモデル、アーティスト、編集者など)が通いだす。そして、「業界人が注目のレストラン」という噂が立つと、群衆心理で、一般のニューヨーカーたちも一度そこで食べてみたいと思うらしい。その目的は、料理そのものよりも、店を見に行くことであり、流行の先端を行っているという虚栄心を満足させることなのだ。

　あなたが今度ニューヨークを訪れて、長い列ができているレストランにぶつかったら、美味しい料理を期待する前に、並んでいる人に、Why is this restaurant so popular?(なぜ、このレストランはこんなに人気があるんですか)と聞いてみるといい。もし、その店が料理以外のことで有名ならば、ヒップなニューヨーク情報が手に入ることは間違いない。

(ニューヨーク発：山川美千枝)

Chapter 6
買い物

Chapter 6 ● Shopping

買い物

KEY EXPRESSIONS

「買い物上手は情報ツウである」というコンセプトは世界共通です。Chapter 6 の KEY EXPRESSIONS では、旅行中に賢い買い物をするために必要な表現と情報をそっくりお届けします。

まず最初に、値切る、買う、交換してもらう、といった、どんな買い物にも共通に役立つ表現を紹介し、そのあとで衣類、電気製品、貴金属と、買い物を種類別に分けて、それぞれの買い物に必要な表現を取り上げてあります。また、スーパーで買い物をするときに知っていると便利な表現も含めてありますから、時間があれば街のスーパーにもちょっと立ち寄って、ローカルな買い物文化にも触れてみてください。

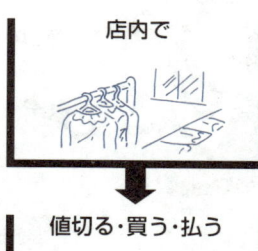

店内で
① 最寄りの店をたずねる
② 売り場がどこかたずねる
③ 店員に構ってほしくないという
④ 価格や税金についてたずねる
⑤ 予算をいう

値切る・買う・払う
⑥ 値切る
⑦ 買う
⑧ 買わない
⑨ 支払い方法についてたずねる
⑩ 支払う

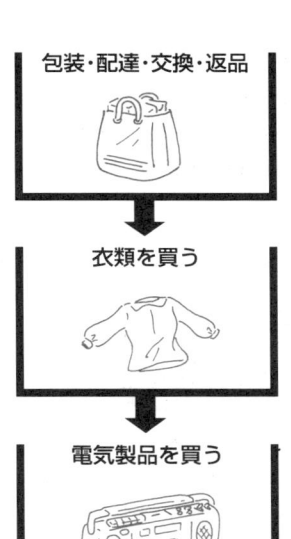

包装・配達・交換・返品	⑪ ショッピングバッグをもらう
	⑫ 海外発送／配達を頼む
	⑬ 返品する
	⑭) 買ったものを交換する
	⑮ レシートを見せる
衣類を買う	⑯ ほしいものを探してもらう
	⑰ サイズや色についてたずねる
	⑱ 試着する
	⑲ 別のものを試着する
	⑳ 寸法直しを頼む
電気製品を買う	㉑ 操作方法をたずねる
	㉒ 性能や特徴をたずねる
	㉓ 保証書についてたずねる
	㉔ いくら安くなっているかたずねる
	㉕ 品物を取り寄せてもらう
みやげ・貴金属・薬を買う	㉖ みやげを探す
	㉗ 本物かどうかたずねる
	㉘ 贈り物用に包装してもらう
	㉙ 薬を探す
	㉚ 服用法についてたずねる
スーパーで	㉛ 売り場をたずねる
	㉜ 目方や切り方を指示して買う
	㉝ レジに並ぶ
	㉞ 袋について希望をいう
	㉟ 手持ちの現金が足りずに返品する

KEY EXPRESSIONS
基本編

I'm looking for a gift for my mother.

(母へのプレゼントを探しているんです)

この表現は、どんな探し物にも応用できる。小さいサイズを探すときは、I'm looking for a smaller size. だ。

How much is this?

(これはいくらですか)

自分の手元にあるものの値段は、こうたずねる。相手の手元や遠くにあるものなら、How much is that one? だ。

Can you give me a discount?

(値引きしてくれませんか)

値引きは交渉しだい。自分のほうから、How about $300? (300ドルでどう？)と、具体的に金額を示してもよい。

I'll take this one.

(これをください)

買うときはこういって品物を店員に渡す。買わないときは、Sorry. I'll pass. (すみません。やめときます)でよい。

店内で

① 最寄りの店をたずねる
Is there a department store near here?
(この近くにデパートはありませんか)

② 売り場がどこかたずねる
Where are the women's shoes?
(婦人靴売り場はどこですか)

③ 店員にかまってほしくないという
I'm just looking. Thank you.
(せっかくですが、見てるだけです)

④ 価格や税金についてたずねる
How much is this, including tax?
(これは税込みでいくらですか)

⑤ 予算をいう
Do you have any bags for around a hundred dollars?
(100ドルくらいのバッグはありませんか)

Chapter 6 ● 買い物

Where's the nearest bookstore 〈drugstore〉? (最寄りの本屋／ドラッグストアはどこですか) と聞くこともできる。行ってみたら休業(closed)。そんなときは、Do you know any (other) store that's open today? (きょう開いている店を知りませんか) と聞いて、諦めずにほかの店を探そう。

デパートで買い物をするときは、まず売り場(department/section)を探すのが先決だ。Where's the shoe department? (靴売り場はどこですか)、Which floor are the ties on? (ネクタイは何階ですか) のように聞くこともできる。On the fourth floor. (4階です) のような答えが返ってくるだろう。

店員(store clerk/salesperson)に May I help you? (何をお探しですか) と声をかけられて、ひとりで自由に見ていたい場合はこういってニッコリ断ろう。単に Just looking. Thanks. といってもよい。気楽に買い物をするのに便利な表現だからぜひ覚えておこう。

消費税／物品税(tax)は、国や州によって課税対象や課税率が異なる。また、国によっては値札(price tag)に tax が含まれていないこともあるので、このように聞いたり、Is tax included? (税金が含まれていますか) と確認しよう。税率(tax rate)が知りたければ、What's the sales tax rate? とたずねる。

最近、日本人観光客はみなリッチだと思われているので、予算(budget)をいっておかないと高いものばかり見せられるハメになる。around は about (だいたい) とほぼ同義。I want to stay under $100. (100ドル以下におさえたい)、My budget limit is $100. (予算は100ドルが限界) とはっきり宣言しよう。

値切る・買う・払う

⑥ 値切る
Can you give me a discount?
(値引きしてくれませんか)

⑦ 買う
I'll take this one.
(これをもらいます)

⑧ 買わない
I'm looking for something a little different.
(ちょっと違うものを探しているのです)

⑨ 支払い方法についてたずねる
Can I pay with a traveler's check?
(トラベラーズチェックで払えますか)

⑩ 支払う
I'm paying in cash.
(現金で払います)

Chapter 6 ● 買い物

予算オーバーのときは、値切ってみよう。How much can you take off (the price)?(いくら引いてくれますか)とか、How about $100 even?(100ドル丁度でどう?)と端数を切ったり、I'll take it if you give me a 10% discount.(1割引きなら買うんだけど)と強気で交渉してみるとよい。

買うことに決めたら、I'll take it. または I'd like (to take) this one. といって品物を店員に渡す。同じものを複数買いたいときは、I'll take two of these.(これをふたつください)のようにいう。たくさん買い占めたい人は、I'll take a dozen (each) of ...(〜を1ダース[ずつ]ください)の表現も覚えておこう。

いろいろ見せてもらったあとで結局買わないことにしたときは、このようにいったり、I don't think so. とか I guess not.、または I'll pass this time.([今回は]やめておきます)といって断ろう。そして、Thanks, anyway. と一言礼をいってからその場を立ち去る。

店頭やレジに major credit cards accepted と表示してあれば、主要カードが使える。確認したいときは、Do you accept ⟨take⟩ VISA?(VISAカードは使えますか)と聞く。アメリカでは偽札を恐れて100ドル札は受け取らない店もあるので、高額紙幣は持ち歩かないのが賢明だ。

レジでよく(Will that be) Cash or charge? と聞かれるが、これは「現金で払う(pay in cash)か、カードで払う(charge)か」という意味だ。This'll be cash. または Cash, please.(現金で)、I'd like to pay with a VISA card.(VISAカードで)などと答える。

包装・配達
交換・返品

⑪ ショッピングバッグをもらう
Would you give me a shopping bag?

(ショッピングバッグをくれませんか)

⑫ 海外発送／配達を頼む
Can I have it shipped to Japan?

(日本に送ってもらえませんか)

⑬ 返品する
I'd like to return this.

(これを返品したいのですが)

⑭ 買ったものを交換する
I'd like to exchange this for a larger size.

(大きいサイズと換えてほしいのですが)

⑮ レシートを見せる
I bought it three days ago. This is the receipt.

(3日前に買いました。これがレシートです)

Chapter 6 ● 買い物

日本に比べ、欧米の包装はずっとシンプルだ。商品を無造作に袋に入れ、折り曲げた口に receipt をホチキス (stapler) で止めるのが一般的。ショッピングバッグも頼まないとくれないことが多い。Would you put them in separate bags? (別々の袋に入れてください) といった表現も覚えておくと便利だ。

この ship は船便に限らず、send (送る) とほぼ同義。Can you ship 〈send〉 it to Japan? といってもよい。配達や郵送は Can I have it delivered 〈mailed〉 to this address? (この住所に配達/郵送してもらえますか) と頼む。配送料金は How much do you charge for delivery 〈shipping〉? と聞く。

返品 (return) や交換 (exchange) は、Customer Service (顧客サービス) と呼ばれるカウンターで行うことが多い。It has a spot 〈stain〉 on the back. (背中のところにシミがある) などと、返品の理由もいえるようにしておこう。そして、Can I get a refund for this? と払い戻し (refund) を要求しよう。

---

exchange A for B は「A を B と交換する」。似た表現に replace A with B というのがあるが、これは欠陥製品などを「取り替える」という意味だ。This radio is defective 〈broken〉. Can I have it replaced (with a new one)? (このラジオは壊れているので取り替えてもらえませんか) のように使う。

返品や交換に receipt は欠かせない。Do you have 〈Can I see〉 the receipt? とレシートを要求されたら、Yes, here you are. と差し出そう。カードで払ったものを返品する場合、返金 (refund) はカード口座 (credit card account) に直接振り込まれるので、赤伝票用に必ずカードを持参しよう。

衣類を買う

⑯ ほしいものを探してもらう
I'm looking for a skirt to go with this sweater.
(このセーターに合うスカートを探しているのですが)

⑰ ほしいサイズや色があるかたずねる
Do you have this in my size?
(これ、私に合うサイズがありますか)

⑱ 試着する
Can I try this on?
(試着していいですか)

⑲ 別のものを試着する
It's a bit too large. Do you have anything smaller?
(ちょっと大きいようです。もう少し小さいのはありませんか)

⑳ 寸法直しを頼む
Can you take the hem up two inches?
(すそを2インチ上げてくれませんか)

Chapter 6 ● 買い物

探し物には店員をフルに活用しよう。この場合、I'm looking for a lipstick to go with this nail polish. (このマニキュアに合う口紅を探しています)とか I'm looking for a gift for my boss. (上司への贈り物を探しています)のように、I'm looking for... が大いに役立つ。

色やサイズには、Do you have this in blue 〈any other color/a larger size〉? (これの青／ほかの色／大きいサイズがありますか)のように、in を使う。大、中、小、特大は、large、medium、small、extra-large だ。身長160 cm以下の女性は、petite (小柄)サイズの中から探すとよい。

サイズの表記が違う外国では、試着してみることが大切だ。put...on は「～を着る」だが、試し(try)に put するのが try...on (～を試着する)だ。ほかに I'd like to try this one. (これを試したい)とか Where's the dressing 〈fitting〉 room? (試着室はどこですか)のように聞くこともできる。

着てみたが、やっぱりサイズが合わない。そんなときは、The waist 〈This〉 is a little too small for me. (ウエストが／これは私にはちょっと小さすぎる)のように説明し、Can I try this in a larger size? (これの大きいサイズを試着できますか)といって、別のものを持ってきてもらおう。

多少、サイズが合わないだけなら、諦めずに Do you do alterations? (補正はやっていますか)と聞いてみよう。寸法直しは、ほかに shorten the sleeves (袖を短くする)、take in the waist (ウエストを縮める)などがある。How much do you charge (for alterations)? と料金もたずねておこう。

電気製品を買う

㉑ 操作方法をたずねる
Can you show me how to use this?
(これの使い方を見せてくれませんか)

㉒ 性能や特徴をたずねる
How is this one different from that one?
(これはあれとどう違うのですか)

㉓ 保証書についてたずねる
Is the warranty valid in Japan?
(保証書は日本でも有効ですか)

㉔ いくら安くなっているかたずねる
How much is this marked down?
(これはどのくらい安くなっているのですか)

㉕ 品物を取り寄せてもらう
Can you order one for me?
(取り寄せてくれますか)

Chapter 6 ● 買い物

外国で電気製品(electrical appliances)を買うと、取扱説明書(owner's manual)も英語だから、こういって売り場で操作方法(operating instructions)を見せてもらうとよい。How does it work?(どうやって動くのですか)と聞いてもよい。このworkは機械が「作動/機能する」という意味だ。

機械製品選びのコツは、外観よりも性能や特徴(performance/power/features)を吟味することだ。Does this one have more features〈power〉?(これのほうが多機能/高性能ですか)、Which of these is more powerful?(このうちどちらのほうが強力ですか)などとたずねて賢い買い物をしよう。

保証書(warranty)は日本でも使えなければ意味がない。左のように、または Does it have〈come with〉an overseas warranty? と聞いて海外保証書(overseas warranty)の有無を確認しよう。保証期間は、How long is it valid? とたずねる。海外でも one-year warranty(1年間保証)が一般的だ。

mark down は「下げて(down)値段を付ける(mark)=値下げする」の意味。It's marked down 20%. なら、original price(正価)から2割値下げされている、ということだ。値下げ品かどうかわからないときは、Are these on sale?(これは特売品ですか)と聞こう。bargain basement は「地階特売場」のこと。

見本(floor sample)が気に入っても、在庫(stock)がないときは、こういって取り寄せてもらおう。目玉商品(sale item)がセール中に売り切れてしまった(sold out)場合は、Can I have a rain check? と頼めば、再入荷後もセール価格で買える証明書(rain check:ふつうは「雨天順延券」の意)がもらえる。

みやげ・貴金属 薬を買う

㉖ みやげを探す

Where was this made?

(これはどこ製ですか)

㉗ 本物かどうかたずねる

Is this a genuine diamond?

(これ、本物のダイヤですか)

㉘ 贈り物用に包装してもらう

Can I have this gift-wrapped?

(贈り物用に包装してもらえませんか)

㉙ 薬を探す

I have an upset stomach. Do you have any good medicine?

(胃の調子が悪いのですが、いい薬はありませんか)

㉚ 服用法についてたずねる

How many tablets do I take at a time?

(1回に何錠のめばいいのですか)

Chapter 6 ● 買い物

海外でみやげ(souvenir)を探すのはけっこう難しいものだ。帰国してから Made in Japan と書いてあるのを見つけたりするとガッカリする。I'm looking for something made in the USA 〈Australia〉. (アメリカ/オーストラリア製のものを探しています)とたずねて店員に探してもらうほうが早道かもしれない。

「本物の」は genuine だが、real を使うこともできる。反対に「偽物の」は fake だ。これと似たことばに artificial/man-made (人工の)、imitation (イミテーション[の])がある。高価な宝石類を買うときは、Does it come with an appraisal? (鑑定書が付いていますか)と聞いて、あくまでも慎重に。

gift-wrap は1語で「贈り物用に包装する」という便利な表現。Can you gift-wrap this, please?、または説明的に This is a gift. I'd like it wrapped. (贈り物なので、包装してください)といってもよい。代金を払ってから包装カウンター(gift-wrapping counter)に行って包装してもらう場合もある。

軽い症状のときは、薬局(pharmacy/drugstore)で Do you have anything for a cold 〈fever〉? (風邪／熱に効く薬はありませんか)と、処方箋(prescription)なしで買える薬を探そう。解熱・鎮痛剤を買う場合は、Are you allergic to aspirin? と、アスピリンのアレルギーがあるか聞かれるかもしれない。

日本語では、薬は「のむ」ものだが、英語では take するものだ。1回の服用量は、数えられる錠剤(pills/tablets)やカプセル(capsules)の場合は How many . . . ?、粉末(powder)や液体(liquid)は How much . . . ? とたずねる。When should I take them 〈it〉? と、いつ服用するのかも聞いておこう。

スーパーで

㉛ 売り場をたずねる

Excuse me. Would you tell me where the vitamins are?

(すみません。ビタミン剤はどこか教えてくれませんか)

㉜ 目方や切り方を指示して買う

Can I have a half pound of smoked ham, thinly sliced?

(スモークハムを半ポンド、薄切りにしてもらえますか)

㉝ レジに並ぶ

Is this an express lane?

(これはエクスプレス・レーンですか)

㉞ 袋について希望をいう

Would you double-bag it?

(袋を二重にしてくれませんか)

㉟ 手持ちの現金が足りずに返品する

Sorry, I'm a little bit short. I'll have to put these back.

(すみません、ちょっとお金が足りないので、これを返します)

Chapter 6 ● 買い物

アメリカのスーパーでは、たいてい通路に通路番号(aisle number)とそこに置いてある品目を明記したカードが天井から下がっている。したがって、Which aisle are the vitamins on? のようにたずねることもできる。Aisle No. 5. (5番通路です)のような答えが返ってくるはずだ。

品物をカート(shopping cart)にのせてレジ(cashier)に持って行くだけでは冒険が足りない。目方や切り方を指示して買うことにも挑戦しよう。チーズも同様に、Can you give me a quarter pound of Swiss cheese, sliced thin? (スイスチーズを4分の1ポンド、薄切りにしてください)と注文できる。

lane はレジに並ぶための通路。買うものが少なくて急いでいるときは express lane が便利だ。これは、"Express" とか "10 items or less" (10品目以内)というサインが目印で、いちばん端にあるのがふつうだ。ただし、Cash only の場合が多いので、現金の持ち合わせを確かめてから並ぶようにしよう。

アメリカのスーパーでは、よく Paper or plastic? (紙袋にしますか、ビニール袋にしますか)と聞かれる。そのときは、Paper, please. (紙袋でお願いします)のように答えればよい。中身が重いときは、このよう double-bag という動詞を使って、袋を二重にして入れてもらおう。

short of ... は「〜が足りない」だが、I'm short. だけだと慣用的に「お金が足りない」という意味だ。5ドル足りないときは I'm five dollars short. という。別れ際に、レジ係が Have a nice day. (ご機嫌よう)と挨拶したら、Thanks. You, too. (ありがとう。あなたもね)とカッコよく返そう。

SKITS

SKIT 1 　僕のお金ぜんぶ使わないでくれよ

Akiko: What shall we do next?
Masao: Well, I thought you might want to do a little shopping. Am I right?
Akiko: You're right! Is there a department store near here?
Masao: If I'm not mistaken, there's a big department store just a few blocks away. But just don't spend all my money, OK?
Akiko: Well, I think you mean OUR money.
(in the department store)
Akiko: Look at this! It's a huge store. I hope you brought a lot of money.
Masao: Oh, no. I knew this was a mistake. I'm going to return to Japan as a poor man.
Akiko: I'm just kidding. Actually, I just want to buy a new pair of shoes. (to a store clerk)

SKIT 1

明子：さて、次は何をしましょうか。
正夫：そうだなあ、君はちょっと買い物でもしたいと思ってるんじゃない？　そうだろ？
明子：そのとおり！　近くにデパートがあるかしら。
正夫：間違ってなかったら、2、3ブロック先に大きなデパートがあるよ。でも僕のお金、全部使わないでくれよ。
明子：あら、「私たちの」お金でしょ。
(デパートで)
明子：見て！　大きいデパートだこと！　あなたがたくさんお金を持ってきてたらよかったんだけど。
正夫：あーあ、間違いだってわかってたんだ。スッカラカンになっ

Excuse me, where are the women's shoes?
Store clerk 1: They're on the third floor, next to the handbags.
Akiko: Thank you very much. (to Masao) Come on. Let's go.
Masao: Now, you promise you're only buying one pair, OK?
Akiko: That's right. One EXPENSIVE pair.
Store clerk 2 (C2): Can I help you find something?

て日本に帰ることになりそうだ。
明子：冗談よ。新しい靴が1足欲しいだけ。(店員に)すみません、婦人靴売場はどこですか。
店員1：3階のハンドバッグ売場の隣でございます。
明子：どうもありがとう。(正夫に)さあ、行きましょ。
正夫：ねえ、靴を1足だけって約束するね？
明子：するわ。「たかーい」靴を1足ね。
(靴売場で)
店員2(C2)：いらっしゃいませ。何かお探しですか。
明子：ちょっと見ているだけです。あっ、待って。これ、すてきだわ。税込みでおいくらですか。
C2：125ドルですから、税込みですと135ドルになります。履いてごらんになりますか。
明子：ええ、お願いします。

Akiko: Just looking right now, thank you. Oh, wait. These are pretty, aren't they? How much are these shoes, including tax?

C2: Let's see. They are 125 dollars, so that will be about 135 dollars with tax. Would you like to try them on?

Akiko: Yes, please.

Masao: A hundred and thirty-five dollars?!

Akiko: Be quiet!

SKIT 2 返品したほうがいい。領収書はまだあるかい？

(in the hotel room)

Akiko: Oh, no!

Masao: What's wrong?

Akiko: It's these shoes I bought yesterday. There's a rip in the side of one of them.

Masao: Maybe your feet are too fat and they broke the seams.

正夫：135ドルだって?!
明子：静かにして！

SKIT 2

(ホテルの部屋で)
明子：あら、いやだわ。
正夫：どうしたのさ？
明子：きのう買った靴よ。片方のわきが、破れてるの。
正夫：たぶん、君の足がでかすぎて縫い目が破れたんだろう。

明子：たぶん、この靴でひっぱたいたら、あなたの頭もうんとでかくなるでしょうよ。
正夫：冗談だよ。返したほうがいい。まだレシート持ってるかい？
明子：もちろんよ。あなたとは違うわ。私、こういう大事なことには慎重なのよ。
正夫：見物に出かける前に、店に寄ろう。
明子：でも、一日中靴の箱を持ち

Akiko: Maybe your head will be too fat after I get done hitting it with this shoe.
Masao: Just kidding. You'd better take them back. Do you still have the receipt?
Akiko: Of course. I'm not like you. I hang on to important things like that.
Masao: We can stop at the store before we go sightseeing.
Akiko: But I don't want to carry a box of shoes with me all day... I have a good idea. You can carry them for me.
Masao: I was afraid of that.
(in the department store)
Store clerk 3 (C3): Hello. May I help you?
Akiko: Yes. I bought these shoes here yesterday, but I'd like to return them. This is the receipt.
C3: Is there something wrong with them?

歩くのはいやだな。そうだわ、あなたが持てばいいわ。
正夫:そういうことになるだろうと思ってた。
(デパートで)
店員3(C3):いらっしゃいませ。
明子:きのうここでこの靴を買ったんですが、返したいんです。はい、レシートです。
C3:何か?
正夫:そう。横にほころびがあるんです、ここに。
明子:ありがとう、正夫。でも、私、自分でいえるわ。横にほころびがあるんです、ここに。
C3:わかりました。代金をお返ししたほうがいいでしょうか。
明子:いいえ。もしあれば、別のと取り替えてほしいんですが。
C3:あると思います。少々お待ちください。
(C3が戻ってくる)

Masao: Yes. There's a rip on the side, right here.

Akiko: Thank you, Masao, but I can take care of this. There's a rip on the side, right here.

C3: I see. Would you like a refund?

Akiko: No, I'd like to exchange them for another pair—if you have one.

C3: I think we do. Can you wait a moment?

(C3 comes back)

C3: Thank you for waiting. Here are your shoes.

Akiko: Thank you very much.

C3: Can I help you with anything else today?

Akiko: Yes. Would you give him a shopping bag, please?

C3: Yes, of course. Here you go.

Masao: Thank you. (to Akiko) But what would you like me to do with this shopping

---

C3：お待たせしました。はい、どうぞ。
明子：どうもありがとう。
C3：きょうは、ほかに何か？
明子：ええ、この人にショッピングバッグをいただけますか。
C3：かしこまりました。はい、どうぞ。
正夫：どうも。(明子に)でも、この袋をどうするんだい？
明子：中に靴を入れて、持ってくれるっていうのはどう？
正夫：もちろん。それこそ私がやりたかったことです。

Chapter 6 ● 買い物

bag?

Akiko: How about carrying these shoes in it for me?

Masao: Of course. That's exactly what I wanted to do.

口と財布は同時に開いて
積極アプローチ

　買い物に行って目的のものを買うのに、どれほどの英語を使うだろうか。買いたいものがすぐに見つかれば、ほとんど店員と話す必要はない。値段だって price tag（正札）が付いていればたずねることもない。だからといって、買い物中に積極アプローチは無理、と判断するのは早急すぎる。せっかく、あなたのためだけに店員が目の前にいるのだ。買い物の前と後に積極的にアプローチを試みよう。買い物の相談にのってもらうのもひとつの手だし、ここにあげた例のように、自分の子どものことを話したってかまわない。したがって、時間に余裕があるときは、店員が Can I help you?（何かお探しですか）と近づいてきたら、（Just looking. Thanks.［けっこうです。見ているだけですから］という表現は、知っていても使わずに）、すかさず、Yes, please.（はい、お願いします）と応じよう。

　買い物中の、もうひとつのアプローチの相手は他の買い物客だ。そのヒントも、次にあげるふたつの会話例の中からつかんでほしい。

積極度1（★）	買い物の相手をしてくれている店員は、すでに関心があなたに向いているから話をするのは簡単だ。
積極度2（★★）	困っているときのひとり言で、相手の注意を引くアプローチの仕方。ダメモトでやってみよう。
積極度3（★★★）	特に質問があるわけでもなく、この種のアプローチを試みるときは、まず目と目を合わせてにっこり笑ってから始めるのがコツだ。

Chapter 6 ● 買い物

★ 買い物を終えてから店員と

Salesperson: Here you are. The receipt is in the bag.
You: Thank you. I've never seen a doll like this in Japan. My little girl will love it.
Salesperson: How old is she?
You: She just turned six. She'll start elementary school next spring.
Salesperson: Oh, does school start in spring in Japan?
You: Yes. I heard it starts in September in the U.S., right?

店員：はい、どうぞ。領収書は中に入っています。
あなた：ありがとう。こんな人形は日本ではみたことないんですよ。うちの娘が喜ぶと思うわ。
店員：おいくつですか。
あなた：6歳になったばかりです。来年の春には学校に上がりますの。
店員：えっ、日本では学校は春に始まるのですか。
あなた：ええ。アメリカでは9月に始まるって聞いたけど、そうですか。

★★ 男性用下着売り場で他の買い物客に

You: Boy, there sure is a lot to choose from here. I can't even figure out what size to buy.
Man: Well, you look like you're about the same size as I am. I usually wear medium.
You: Why are these boxer shorts so expensive?
Man: That's because they're made out of silk.

You: Silk?

あなた：まったくチョイスがありすぎるよ。どのサイズを買ったらいいかすらわからない。

男の人：えーと、君は僕と同じくらいのサイズのようだね。僕はいつもMサイズだよ。

あなた：どうしてこのボクサータイプはこんなに高いんだい？

男の人：シルクでできてるからね。

あなた：シルクだって？

★★ スーパーのビタミン剤売り場で他の買い物客に

You: I never expected to find vitamins in a supermarket.

Woman: Oh, really? Why not?

You: In Japan, we have to go to a drugstore, and they're much more expensive.

Woman: Then you should stock up on them while you're here.

You: But there are so many kinds, and I don't know which one to buy . . .

Woman: Maybe I can help you. Do you need Vitamin C?

あなた：ビタミン剤がスーパーにあるなんて思ってもみなかったわ。

女の人：まあ、どうして？

あなた：日本なら薬屋に行かなくちゃ。もっとずっと高いけど。

女の人：じゃあ、ここにいる間にいっぱい買いだめしておけば？

あなた：でも種類が多いし、どれがいいかわからないわ。

女の人：私がお役に立ててよ。ビタミンCがいいの？

Tips for Trips

お客様は神様ではありません

　欧米(特にアメリカ、とりわけニューヨーク)で買物をしていて、日本人旅行者が実感するのは、「お客様は神様ではない」ということだ。

　日本の店員の、概してていねいな応対に慣れている日本人は、欧米の店員の「売ってやってるんだ」といわんばかりの態度には驚かされる。ときには、驚きや憤りを通り越して、「アッパレ!」とほめてあげたくなることもあるくらいだ。

●I'm short-changed.(お釣りが足りないよ!)

　態度が大きいだけならまだいいが、いちばん困るのがお釣りの間違いだ。日本人は暗算の訓練を受けている人が多いせいか、たいていの店員は迅速かつ正確にお釣りの計算ができる。ところが、どうも欧米の算数の訓練は日本と違うらしく、計算間違いが多いのだ(たとえ、レジの計算機でお釣りを計算した場合でさえも、間違えることがある)。

　そのうえ、お釣りの数え方がたいへんユニークだから、お釣りをもらうほうもそれに慣れていないと、何が何だかわからなくなってしまう恐れがある。たとえば、13ドル25セントの買物をして20ドル札で払ったとしよう。この場合、お釣りは、6ドル75セントだが、その渡し方は次のようになる。まず、客の手の平に75セントを置き、"Fourteen."(品物の代金 $13.25 + $0.75 = $14.00 の意味)という。次に1ドル札を渡して "Fifteen." ($14.00 + $1.00 = $15.00)といい、最後に5ドル札を渡して、"Twenty." ($15.00 + $5.00 = $20.00)という。つまり、品物代に「足し算」をし

ていきながらお釣りを数えているのである。

　お釣りの間違いが多いのは、この足し算によるお釣りの渡し方の習慣のせいかどうかは定かではない。しかしむしろ、このようにお釣りを数えてもらったほうが、その場で間違いが見つかることが多いので、辛抱強く手のひらを差し出して相手といっしょにお釣りを数えていくのが得策だ。

　そして、お釣りが足りないとわかったら、I'm short-changed. とか I think you short-changed me.（お釣りが足りない[みたい]）といって、その場で解決するように努めることが大切だ。もし、ここで店員が間違いにすぐ気づいてお金を返してくれれば、バンバンザイだ。たとえ、店員が自分のミスを謝らなくても腹を立てず、それは「文化の違い」と納得しよう。

●包装がシンプルなのは地球を守るため？

　欧米の店でもうひとつ気になることは、包装がたいへんシンプル（雑？）なことだ。これは、単に包み方だけではない。使っている包装紙や袋も、概して日本のものより質が悪い。日本人旅行者は、どうしても日本の店の過剰包装に慣れているせいか、「何、この包み方？　高いものを買ったのに、これってないでしょう？」と、不満を感じることも多いようだ。しかし、ものは考えようだ。事実、シンプルな包装は地球の資源を守ることにつながっていることは間違いない（はたして、欧米の包装がシンプルなのはこれを意図的に考えてのことかどうかはわからないが）。それに、よく考えてみると、確かに包装紙にお金をかける必要はどこにもないのだ。

　最近、アメリカのスーパーマーケットなどでは、布製の買い物袋を売っている。それを買い物のたびに持って行くことで、紙袋やビニール袋の消費を減らそうとするキャンペーンも盛んだ。確かに、これからは「消費の時代」ではなく、「節約と再生の時代」である。むだなサービスや包装を省いた「お客様は神様ではない」という考え方は、かえってこれからの時代に合っているのかもしれない。　　　　　（高橋朋子）

Chapter 7
娯楽

Chapter 7 ● Entertainment

娯楽

KEY EXPRESSIONS

　日本では見られない映画や演劇、現地のヒップなライブショー、そしてアメリカならば醍醐味が味わえる大球場での野球観戦と、旅の娯楽体験は、その気になればいくらでも幅を広げられます。ただし、そのためには、現地情報を上手にキャッチし、チケットを手に入れるために必要な表現を知っておく必要があるのはいうまでもありません。

　この Chapter 7 の KEY EXPRESSIONS では、右のように娯楽を4つのジャンルに分け、それぞれのタイプの娯楽を楽しむときに役立つ表現を紹介します。お仕着せの観光旅行で終わらずに、あなただけの旅を演出してみてください。

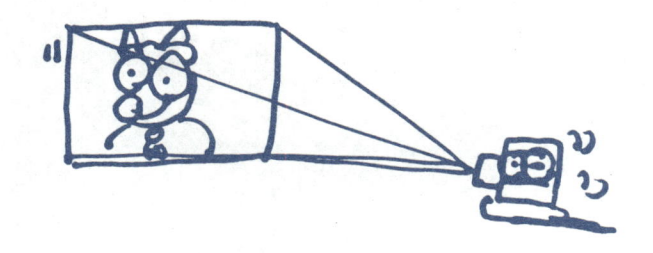

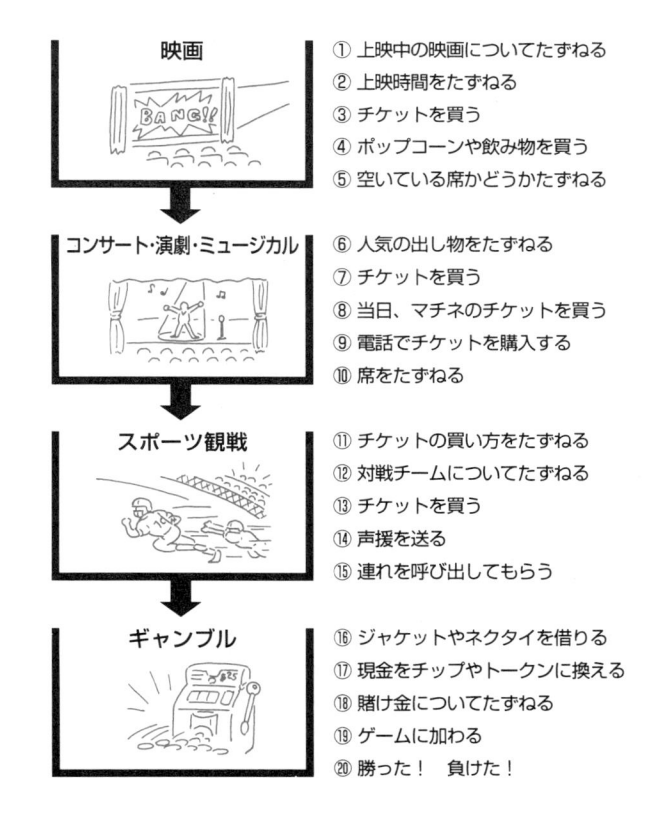

映画
① 上映中の映画についてたずねる
② 上映時間をたずねる
③ チケットを買う
④ ポップコーンや飲み物を買う
⑤ 空いている席かどうかたずねる

コンサート・演劇・ミュージカル
⑥ 人気の出し物をたずねる
⑦ チケットを買う
⑧ 当日、マチネのチケットを買う
⑨ 電話でチケットを購入する
⑩ 席をたずねる

スポーツ観戦
⑪ チケットの買い方をたずねる
⑫ 対戦チームについてたずねる
⑬ チケットを買う
⑭ 声援を送る
⑮ 連れを呼び出してもらう

ギャンブル
⑯ ジャケットやネクタイを借りる
⑰ 現金をチップやトークンに換える
⑱ 賭け金についてたずねる
⑲ ゲームに加わる
⑳ 勝った！ 負けた！

KEY EXPRESSIONS
基本編

Which shows are popular right now?
(いま、どの出し物が人気がありますか)

せっかく本場のミュージカルや演劇を観るのなら、こういってヒット作品をたずねてからチケットを買おう。

How can I get tickets for a baseball game?
(野球のチケットはどうやって手に入れるんでしょう)

チケットの入手方法はこのように聞く。ブロードウエーショーのチケットなら、tickets for a Broadway show だ。

Chapter 7 ● 娯楽

Two (seats) in the upper deck, please.
(外野席を2枚ください)

チケットを買うときは、[枚数] in [希望する場所] で事足りる。劇場なら、One in the orchestra. のようにいう。

Is this seat taken?
(この席は誰か来ますか)

席が空いているかどうかたずねる表現。逆に、「すみません、そこは誰か来ます」というときは、Sorry, it's taken. だ。

映画

① 上映中の映画についてたずねる
What's playing now?
(いま、何を上映していますか)

② 上映時間をたずねる
When is the next showing?
(次の映画は何時に始まりますか)

③ チケットを買う
Two tickets for *JFK*.
(『JFK』を2枚ください)

④ ポップコーンや飲み物を買う
I'd like a large popcorn with butter and a medium cola, please.
(ポップコーンの大にバターをかけたのとコーラの中をください)

⑤ 空いている席かどうかたずねる
Excuse me. Is this seat taken?
(すみません、この席は誰か来ますか)

Chapter 7 ● 娯楽

What are you showing now? ともいえる。出演俳優を知りたいときは、star (主演する)という動詞を使って、Who stars in it? と聞こう。映倫マークの G は General (一般向き)、PG は Parental Guidance (親の助言が望ましいもの)、R は Restricted (17歳未満は保護者同伴が必要なもの)だ。

What time does the next showing start? とも聞ける。その日の上映時間を全部知りたいときは、What are the show times?、映画を指定してなら Can you give me the show times for *JFK*? のようにたずねる。映画館に電話で問い合わせると返答はたいていテープだから、聞き取りのいい練習になる。

映画を何本も上映している映画館では、このように見たい映画のタイトルと枚数をいってチケットを買う。アメリカには映画の前売り券や指定席はない。国際学生証(International Student ID)を持っている人は Do you have a student discount? (学生割引きはありませんか)とたずねてみよう。

映画館に入ってすぐに目にとまるのが concession stand (売店)だ。ポップコーンや飲み物は、このように small/medium/large とサイズを指定して買うことが多い。ちなみに、外で買った飲食物を持ち込むと、You can't bring in any food or drinks. と「待った」がかかることもあるので要注意。

Is anyone sitting here? といってもよい。上映中に話したり騒いでいる人がいたら、次の4つのうちどれかひとつの行動をとろう。①(Be) Quiet, please. (静かにしてください)という、②Shhhhh. (シー)という、③Do nothing. =何もしない、④Join the party. =いっしょに騒ぐ。

コンサート・演劇 ミュージカル

⑥ 人気の出し物をたずねる
Which shows are popular right now?
(いま、何がヒットしていますか)

⑦ チケットを買う
Can I have the two best seats available for *Cats*?
(『キャッツ』を2枚、残っている中でいちばんいい席をください)

⑧ 当日、マチネのチケットを買う
Do you have any tickets left for today's matinée?
(きょうのマチネのチケットはまだありますか)

⑨ 電話でチケットを購入。カードで払う
Please charge it to my VISA.
(VISA カードにつけてください)

⑩ 席をたずねる
Can you show me where my seat is?
(私の席はどこでしょうか)

もっと簡単に What's popular now? とか、今風に What's hot right now? と聞くこともできる。ディナーショーをやっている supper club やジャズの生演奏をやっている jazz club の出演予定を知りたいときは、Who's performing on Tuesday night?（火曜の夜は誰が出演しますか）のようにたずねる。

チケットは、当日券に限らず、直接その劇場の box office（切符売り場）に行って買うと手数料が不要だし、自由に座席が選べる。What seats do you have?（どんな席がありますか）と座席図（seating chart）を見せてもらって、Three seats together here, please.（ここの席をいっしょに3枚）と頼むこともできる。

ミュージカルや演劇は、matinée（昼間の上演）が割安だ。I'd like (to have) two tickets.（2枚ください）とか Can I have a balcony seat?（バルコニー席を1枚）といってチケットを買おう。翌日のマチネ券を買いたい場合は、I'd like to have two tickets for tomorrow's matinée. という。

advance-sale ticket（前売り券）を買いたいときは、新聞や雑誌の entertainment section に出ている ticket agency に電話すればよい。その際、代金はカードで払うのがふつう。How would you like to pay for these tickets? と聞かれたら、こういってから、名前やカード番号を伝える。

場内に入ると、各入り口に usher（案内係）がいるので、半券を見せながらこういって席に案内してもらおう。ほかに、Is there an intermission?（休憩時間はありますか）、Where can I buy a program?（プログラムはどこで買えますか）、Is the bar open?（バーは開いていますか）と質問することもできる。

スポーツ観戦

⑪ チケットの買い方についてたずねる
Can you tell me how I can get tickets for a baseball game?
(野球の試合のチケットはどうやって買うか教えてくれませんか)

⑫ 対戦チームについてたずねる
Who are the Mets playing tonight?
(メッツは今晩どこと対戦ですか)

⑬ チケットを買う
Can I have two seats in the upper deck?
(外野席を2枚ください)

⑭ 声援を送る
WE WANNA HIT! WE WANNA HIT!
(かっ飛ーばせッ!　かっ飛ーばせッ!)

⑮ 連れを呼び出してもらう
Can you page my friend? I lost him in the crowd.
(呼び出しをしてくれませんか。友人とはぐれたのです)

Chapter 7 ● 娯楽

野球やフットボールの競技場(stadium)は郊外にあることが多い。Where's the stadium? とか、How can I get there? と場所や行き方もたずねよう。競技場の入り口でダフ屋(scalper)に接近されたら、Outrageous! It's too expensive! (ひどい、高すぎる！)といって値切ろう。

好きなチームの試合がいつか知りたいときは、When are the Mets 〈Giants〉 playing? のようにたずねればよい。ニューヨークでは Mets または Yankees を、ロサンゼルスでは Dodgers または Angels を、そしてサンフランシスコでは Giants を応援し、それぞれのローカル色を楽しむのもいいだろう。

deck (デッキ)は一般席。box seats (ボックス席)をはじめ、field seats (内野席)や club seats (クラブ席)などのいい席は、シーズンチケットや特別招待、予約で占められていて、手に入りにくい。とにかく残っている中でいちばんいい席がほしいときは、Can I have the two best seats available? のようにいう。

スポーツ観戦のダイゴ味は、他の観客と一体になって COME ON, STRIKE 'EM OUT! (三振させろ！)、DE-FENSE! (防ー御！)と cheer (声援)を送ることだ。メッツ・ファンといっしょなら、LET'S GO, METS!　LET'S GO, METS! (がんばれ、メッツ！　がんばれ、メッツ！)と声援を送ろう。

大勢(crowd)の中で気がついたら、連れがいない！　そんなときは、アナウンスで呼び出してもらおう。I can't find my friend. Can you page him 〈her〉? といってもよい。そして、His 〈Her〉 name is . . . と友だちの名前を告げよう。呼び出し案内は Where can I have someone paged? と探す。

ギャンブル

⑯ ジャケットやネクタイを借りる
Can I rent a jacket and a tie?
(ジャケットとネクタイを貸してください)

⑰ 現金をチップやトークンに換える
Can I have two hundred dollars' worth of chips?
(チップを200ドル分ください)

⑱ 賭け金についてたずねる
What's the minimum bet?
(最低賭け金はいくらですか)

⑲ ゲームに加わる
Can I get in?
(加わっていいですか)

⑳ 勝った！ 負けた！
I'm busted. Let me out.
(スッカラカンだ。もうやめます)

Chapter 7 ● 娯楽

カジノ(casino)は正装でないと入れないところも多い。しかし、cloakroom(クローク)でこういえば、ふつう、ジャケット(coatともいう)やネクタイ、靴などを借りることができる。Do you have a jacket in my size? (私に合うサイズのジャケットがありますか)とたずねてみよう。

現金を使ってギャンブルをすることが許されていない国や州では、まずこういって現金をプラスチック製のチップ(betting chips)に換える。スロットマシン(slot machine)用のトークンに換えたいときは、Can I have twenty dollars' worth of tokens? (トークンを20ドル分ください)といえばよい。

賭け方や賭け金の額はカジノによって異なるので、(ちょっとカッコ悪いが)このように聞くとよい。この場合、betは「賭け金」の意味だが、I'd like to bet a hundred dollars. (100ドル賭けたい)のように、動詞として使うこともできる。賭け金を置いていいかどうか聞きたいときは、Can I place a bet? という。

ギャンブルはポーカーフェースで通し、あまりしゃべらないのがふつうだ。ブラックジャックでも、Hit. (カード追加)やStay. (追加不要)は手で意思表示し、ことばを交わす必要はない。何かいうにしても、Insurance, please. (保険をお願いします)のように、please. をつければ、ほとんど用が足りる。

こっぴどく負けたときは、実感を込めてこういってみよう。勝ったときは、That's great! I won a fortune! (すごい、ひと山当てたぞ!)と嬉しい悲鳴を上げて勝ちまくりたいところだが、そういうことはめったにないので、I'm out. とかI quit. (やめた!)と、適当なところでいさぎよく手を引こう。

SKITS

SKIT 1 まだ、きょうのマチネのチケットがありますか

Akiko: So, what are we going to do tonight?

Masao: Let's watch TV. There's a baseball game on.

Akiko: No way! We are on VACATION. I refuse to sit in a hotel room and watch baseball on TV. I want to go see a play!

Masao: Come on. I'm sure it's too late to get tickets now.

Akiko: Nice try, but you don't know for sure without trying.

Masao: All right, all right. Which shows are popular right now?

Akiko: I read in *New York Magazine* yesterday that Jessica Lange and Alec Baldwin are co-starring in *A Streetcar Named Desire*. Isn't it great? Let me first call the ticket agent to

SKIT 1

明子：さてと、今夜は何をしましょうか。

正夫：テレビを見ようよ。野球の試合があるんだ。

明子：とんでもない！　バケーション中なのよ。ホテルでテレビなんてごめんだわ。私、お芝居を見に行きたい。

正夫：無理だよ、チケットを手に入れるには遅すぎる。

明子：おあいにくさま。でも、やってもみないで、そんなことわからないわ。

正夫：わかったよ。いま何が人気があるんだい？

明子：きのう『ニューヨーク』マガジンで読んだんだけど、『欲望という名の電車』にジェシカ・ラングとアレック・ボールドウィンが出ているの。すごいでしょ。私、

Chapter 7 ● 娯楽

see if there are any tickets.
(Akiko calls a ticket agency)
Ticket Agent (T): Broadway Tickets. May I help you?
Akiko: Yes. I'd like two tickets for *A Streetcar Named Desire*. Do you have any tickets left for tonight's show?
T: Yes, we do.
Akiko: Good! Can I have the two best seats available?

チケット・エージェントに電話して、チケットがあるかどうか聞いてみるわ。
(電話で)
チケット・エージェント(T)：はい、ブロードウエー・チケットでございます。
明子：『欲望という名の電車』のチケットがほしいんですが、今晩のチケットは残っていませんか。
T：ございます。
明子：よかった。残っている中でいちばんいい席を2枚もらえますか。
T：桟敷席の C 列の21番と22番を差し上げられますが。
明子：ステキ！
T：お支払いはどのようになさいますか。
明子：ビザカードにつけてください。番号は2873-5984、有効期限は1995年の5月です。

T: I can give you Row C, Seats 21 and 22, in the loge.
Akiko: That's wonderful!
T: How would you like to pay for the tickets?
Akiko: Please charge it to my VISA. The number is 2873-5984, and the expiration date is May 1995.
T: And your name?
Akiko: Oh, yes. It's Akiko Kimura.
T: All right, the tickets will be waiting for you at the theater box office. Thank you for calling Broadway Tickets.
Akiko: Thank you.

SKIT 2　がんばれメッツ、三振させろ！

Akiko: All right, Masao. We did what I wanted to do yesterday. Today is your day.
Masao: My day? I'm afraid to ask, but what

T：お名前は？
明子：あっ、そうね。アキコ・キムラです。
T：わかりました。チケットは劇場のチケット売場でお受け取りください。ブロードウエー・チケットにお電話いただきまして、ありがとうございました。
明子：どうもありがとう。

SKIT 2

明子：さてと、正夫、きのうは私のやりたいことをしたわ。きょうはあなたの日よ。
正夫：僕の日？　聞くのが怖いけど、それ、どういう意味？
明子：ここにいる間に何かやりたいことがあるでしょ？　たとえばシェイ・スタジアムに行って……。
正夫：そうなんだ！　ここを発つ

do you mean?

Akiko: I know there must be something special that you want to do while we're in town, such as going to Shea Stadium and...

Masao: Yeah. I'd love to see a New York Mets game before we leave!

Akiko: See? Why don't you call the stadium and find out how to get tickets?

(Masao calls the stadium)

Masao: Hello. Can you tell me how I can get tickets for today's game? We're staying in

前にぜひニューヨーク・メッツの試合が見たいんだ。
明子：でしょ？　スタジアムに電話して、どうやってチケットを手に入れるか聞いてみたら？
（正夫、スタジアムに電話する）
正夫：もしもし、野球の試合のチケットはどうやって手に入ればいいのか教えてくれませんか。いまマンハッタンに滞在しているのですが。

スタジアムの従業員１（SE１）：マンハッタンにチケットオフィスがございますが、試合前に直接スタジアムに来ていただいて、ここでお求めいただくこともできます。
正夫：スタジアムはどこですか。どうやって行くんですか。
SE１：お車ですか。
正夫：いいえ。
SE１：それでしたら地下鉄の７番線に乗ってシェイ・スタジアム

Manhattan now.
Stadium employee 1 (SE1): There are ticket offices in Manhattan, but you can just come down to the stadium before the game and buy your tickets here.
Masao: Where's the stadium? How can I get there?
SE1: Are you driving?
Masao: No.
SE1: Then take the No. 7 train to Shea Stadium. It's about ten minutes' walk from the train station to the stadium.
Masao: Thank you.
SE1: You're welcome.
(at the stadium)
Akiko: Who are the Mets playing against tonight?
Masao: The Los Angeles Dodgers.

までいらしてください。駅からスタジアムまで徒歩で約10分です。
正夫：ありがとうございます。
SE1：どういたしまして。
（スタジアムで）
明子：今夜のメッツの対戦相手はどこなの？
正夫：ロサンゼルス・ドジャースだよ。
スタジアムの従業員2（SE2）：次の方。

正夫：内野席の前の方を2枚もらえますか。
SE2：1塁側の内野席が2枚ありますが。
正夫：それ、ください。
（明子と正夫、席に急ぐ）
正夫：さあ、明子、もう試合は始まってるぞ。それーッ。三振させろー！
明子／正夫：がんばれメッツ！がんばれ、メッツ！

Chapter 7 ● 娯楽

Stadium employee 2 (SE2): Next.
Masao: Can I have two seats in the lower deck?
SE2: I got two on the first base foul line.
Masao: I'll take 'em.
(Akiko and Masao hurry to their seats)
Masao: Come on, Akiko. The game's already started. COME ON! STRIKE 'EM OUT!
Masao/Akiko: LET'S GO, METS! LET'S GO, METS!

好きこそものの上手なりけり
積極アプローチ

　コンサートや映画館、野球場で隣に座った人と話が始めやすいのは、お互いに同じものに関心を持ってその場に来ている、という共通点があるからだ。それに、好きなことについて話すときは、英語力のあるなしを問わず、話は通じるものである。好きなことについて英語で話し、その結果として英語で話すことも好きになってしまう——これこそ、「好きこそものの上手なりけり」だ。ただし、コンサートや演劇鑑賞の際は、どんなに話がはずんでも、演奏が始まったらおしゃべりは直ちに止め、続きはインターミッションのときにしよう。

　このように、旅行中に自分の好きなことを、それについてのおしゃべりも含めて楽しみたいという、好奇心と積極性に富む人なら、それだけ現地の文化を吸収するのも早いだろう。さあ、あなたも、音楽のビートに乗って、あるいは野球で声援を送りながらおしゃべりを楽しんで、体と感性で英語を習得してしまおう。

積極度1（★）	並んで待っている時間を利用した簡単アプローチ。
積極度2（★★）	スポーツ観戦中は、いっしょに声援を送って気持ちが一体となったところで、アプローチするといい。
積極度3（★★★）	熱烈なファンが集まるコンサートでは、出演のアーチストについて個人的な見解を述べるのが一番。

Chapter 7 ● 娯楽

★ 映画館の前にいっしょに並んでいる人に
You: Is this the line for *Grand Canyon*?
Woman: Yes, it is.
You: Do you always have to wait in line like this?
Woman: Yes—especially when big movies are first released.
You: I hope I can get a good seat.
Woman: Don't worry. This is a big theater, and . . .
あなた：これは『グランドキャニオン』の列ですか。
女の人：そう。
あなた：いつもこんなに並ぶのかしら。
女の人：そう、特に話題の映画が封切られたときはね。
あなた：いい席に座れるといいけど。
女の人：心配ないわ。この劇場は大きいし、それに……

★★ 野球場で隣の観客に
You: How are the Astros doing this year?
Man: They're in first place by two games.
You: Do you think they'll be able to win it all this year?
Man: Well, they're a pretty young team, and the Dodgers are coming on strong, too.
You: Do you come to a lot of baseball games?
Man: Not very often. Only when . . .
あなた：アストローズは今シーズンどうですか。
男の人：2ゲーム差で1位さ。
あなた：今年は優勝できると思いますか。
男の人：うーん、若いチームだからね。それにドジャースも強くなってきてるし。

あなた：野球にはよくきますか。
男の人：ちょくちょくじゃないけど、たまたま……

★★★ コンサートで隣の客に

You: I was really lucky to get a ticket tonight. I didn't arrive in town until 3 p.m.
Woman: You chose the right place to come to. This should be a great show.
You: Harry Connick, Jr. would never play in such a small place in Japan.
Woman: Is he popular in Japan?
You: Yes, he's a big success there. He sold out five concerts in Tokyo last year.
Woman: Did you go . . . ?

あなた：今夜のチケットが取れたのは、まったく運がよかったわ。町に着いたのが3時過ぎだったんですよ。
女の人：ここに来たのは正解よ。すばらしいショーになるわ。
あなた：ハリー・コニック・ジュニアは、日本じゃ決してこんな小さいとこでやることはないでしょうよ。
女の人：日本では人気あるの？
あなた：大人気よ。去年は東京でコンサートを5つやったけど、みんな売り切れ。
女の人：あなたも行った？

Tips for Trips

娯楽の沙汰も工夫しだい

　観光(sightseeing)と並んで、「観る」、「聴く」、「遊ぶ」のエンターテインメント(entertainment＝娯楽)は海外旅行の重要な部分を占める。映画、ミュージカル、演劇、コンサートはいうに及ばず、野球、テニス、アメフトなどのスポーツ観戦、さらにライブハウスやナイトクラブ、そしてカジノ等々……。こういったさまざまな娯楽をフルに楽しむには、現地情報を上手にキャッチすることだ。

●各都市のホットな情報誌

　大都市や観光地には、たいていその土地の情報誌がある。現地に着いたら、さっそくそういった情報誌を手に入れよう。

　たとえば、ニューヨークでは、*Where* という無料の月刊情報誌があり、たいていのホテルに置いてある。これには、エンターテインメントはもちろん、買い物やレストラン情報も載っているのでたいへん便利だ。

　また、ジャズの好きな人は、ニューヨーク市内と郊外のライブやジャズ情報を満載した *Hot House*(無料)をレコード店などでもらうといい。そして、オフ・ブロードウエーやオフ・オフ・ブロードウエーの劇やダンス、その他のアートを楽しみたいという「ツウ」の人は、街角のニューススタンドで *Village Voice*(毎週火曜日の深夜発行。1ドル)を買って、その週のホットな催し物を探すといい。

　ニューヨークにかぎらず、その他の大都市や観光地にも、その土地のエンターテインメント情報を掲載した情報誌がある。無料のものはホテルやレストラン、レコード店などに置

いてあったり、街角の情報誌用の専門箱から勝手に取り出せるようになっていたりする。

●季節の催し物を楽しむ

しかし、もし、年に一度だけ催されるような大きなイベントを楽しみたかったら、当然、行き当たりばったりというわけにはいかない。前もってその時期を知って計画を立てて出かける必要がある。

たとえば、テニスが好きな人がイギリスやアメリカの東海岸を訪れるのなら、ウィンブルドン大会やU.S. オープンの時期を狙って出かけるといい。各国の観光局(294ページ参照)に問い合わせれば、その年の開催時期がわかるだろう。

ジャズ愛好家には、夏のニューヨークをお勧めする。6月末から7月初旬の10日間、JVC ジャズ・フェスティバルが開催されるからだ。また、6月から8月にかけては、サマー・ピア・ジャズ・フェスティバルも催される。

クラシック愛好家にとっても夏のニューヨークは格別だ。7月から9月にかけて、市内の公園でニューヨーク・フィルがパーク・コンサート(無料)を行ったり、セントラルパークではメトロポリタン・オペラが無料コンサートを開いている。

ニューヨークに限らず、アメリカの各地で夏の間は野外コンサートが盛んだ。中でも、最近、日本人旅行者の間でも人気が出てきたのがボストン・シンフォニーのタングルウッドでのコンサートだ。これは有料だが、チケットも比較的安価で求めやすく、ピクニック気分も味わえるので、バックパッカーや家族連れの姿も多く見られる。

また、独立記念日や復活際(Easter)などの主な祝祭日には町をあげてのパレードが行われるところも多い。町の人たちといっしょにパレード見物をしながら、お祭り気分を味わうのも、なかなかオツなものだ。

日本から持参したガイドブックだけに頼らず、このようにローカル色に季節感を盛り込み、あなただけの味わいのある旅を演出してみてはいかがだろうか。　　　　　(高橋朋子)

ホットな街の情報誌

ニューヨーク

New York Magazine
街の話題を掲載した週刊誌。エンターテインメント欄は、映画(主なものについてはレビューあり)、演劇、ミュージカル、オペラ、コンサート、ダンス、オークション、美術館の催し物、スポーツなどをカバー。毎週月曜日発行。2ドル50セント。

Village Voice
ニューヨークの週刊新聞。映画(上映時間も掲載)、演劇、ダンス、パフォーマンス、コメディー、クラブ(ジャズ、ロックを含む)などのほか、作家や詩人による朗読会や政治集会などについても掲載してある。長期滞在者が又貸しのアパートを探すのにも便利。毎週火曜日の深夜に発行。1ドル。

New Yorker
読み物とタウン情報を掲載した週刊誌。エンターテインメント欄には、映画(主なものについてはレビューあり)、演劇、ダンス、コンサート、クラブ、ギャラリーショー、スポーツなどのセクションがあり、セクション毎にその週注目の出し物について解説してある。毎週月曜日発行。1ドル75セント。

Where
月1回発行のニューヨークガイド。演劇、ダンス、音楽、アート、ショッピング、レストランなど広くカバー。主要ホテルに置いてある。無料。

City Guide
ニューヨークの観光ガイド。日本語版もある。ショッピング、観光ツアー、ブロードウエー、レストラン、スポーツなどについて紹介。主要ホテルに置いてある。無料。

Hot House
ニューヨークとその近郊のライブやジャズコンサートについての情報誌。レコード店に置いてある。無料。

ロサンゼルス

Los Angeles Magazine
タウン情報を掲載した月刊誌。巻末にレストラン、映画、演劇、音楽、アート、スポーツ、イベントなどの情報が掲載してある。2ドル50セント。

Los Angeles Times 日曜版
日刊新聞の日曜版。Calender というセクションにアートやエンターテインメント関係の情報が載っている。

L.A. Weekly
エンターテインメント情報一般をカバーしてある。レコード店や専用箱で手に入る。無料。

『ゲートウェイUSA』
日本語の情報誌。日本食レストランなどに置いてある。無料。

ハワイ・シカゴ・ボストン

Hawaii Magazine
ハワイの観光ガイドとタウン情報がいっしょになった月刊誌。アウトドア・スポーツ情報が充実しているのが特徴だが、美術館、イベント、レストランなどについても紹介してある。3ドル50セント。

Chicago Magazine
シカゴのタウン情報を扱った月刊誌。演劇、ダンス、アート、映画、ファッション、スポーツ、レストランなどについての情報をカバー。2ドル25セント。

Boston Magazine
ボストンのタウン情報を扱った月刊誌。前のほうにある On the Town というセクションに、イベント、演劇、ダンス、音楽、アートなどの催し物情報が載っている。巻末にレストラン情報あり。2ドル50セント。

ロンドン

Time Out
読み物とタウン情報を掲載した週刊誌。エンターテインメント情報は、イベント、アート、映画、演劇、ダンス、コメディー、クラブ、スポーツ、書籍、ゲイ、子供などの項目に分かれて掲載。毎週水曜日発行。1ポンド30ペンス。

『ロンドン便り』
日本語のコミュニティー新聞。無料。月1回発行で、日本食レストランや日本食料品店、ジャパンセンター(本屋)などで手に入る。information の欄で、映画、演劇、ミュージカル、ダンス、アート、音楽、オペラ、クラブ、イベント、スポーツなどの分野を紹介。それぞれの催し物の内容説明や交通手段も掲載してある。

Chapter 8
生活体験

Chapter 8 ● Adventures in Daily Life
生活体験

KEY EXPRESSIONS

　何気ない日常生活の中にこそ、その土地特有の文化や人々の気質が現れているもの。観光客相手のホテルや土産屋から少し離れて、街の人たちの中へ足を伸ばしてみませんか。郵便局へ行ったり、床屋や美容院で髪を切ってもらったり、服をクリーニングに出したり、そしてまた、街のスポーツクラブで汗を流してみたり……。こういったことを直接に経験してはじめて、英語の生きた表現が本当にあなたのものになるのです。

　Chapter 8 の KEY EXPRESSIONS は、旅先でそのような「生活体験」をしてみたいと考える人のために集めた表現です。長期滞在の旅行を計画している人には特に役立つでしょう。

DPEショップで

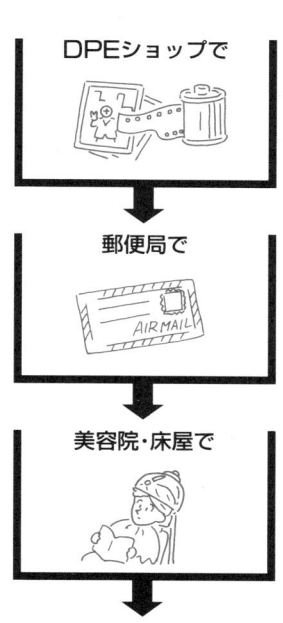

① フィルムを買う
② 電池を買う
③ 現像／プリントしてもらう
④ 仕上がり日をたずねる
⑤ 写真を受け取る

郵便局で

⑥ 郵便料金をたずねる
⑦ 切手を買う
⑧ 印刷物を送る
⑨ 小包を送る
⑩ 中身に保険をかける

美容院・床屋で

⑪ 予約する
⑫ 値段をたずねる
⑬ 待ち時間をたずねる
⑭ ヘアスタイルを注文する
⑮ 熱い！　痛い！

クリーニング店で

⑯ 服をクリーニングに出す
⑰ シミ抜き／ボタン付けなどを頼む
⑱ 服を受け取りに行く
⑲ 洗濯機／乾燥機の使い方を聞く
⑳ お金を入れても動かないと訴える

スポーツクラブで

㉑ 施設が使えるかどうかたずねる
㉒ 営業時間をたずねる
㉓ テニスコートを予約する
㉔ ラケットやタオルを借りる
㉕ マシンの使い方をたずねる

KEY EXPRESSIONS
基本編

I'd like to have this film developed.
(このフィルムを現像してもらいたいのですが)

同じ構文を使って、クリーニングをしてもらうときも、I'd like to have this jacket dry-cleaned. といえる。

How much is it to send this letter by air mail to Japan?
(航空便でこの手紙を日本に送るのにいくらかかりますか)

送るものが絵はがきなら a post card、「この小包を船便で」なら this parcel by ship となる。

I'd like to make an appointment for a haircut.

(カットの予約をしたいんですが)

これは美容院の予約をするときの例。マッサージなら for a massage、診察なら to see the doctor となる。

Can you tell me how to use this machine?

(この機械の使い方を教えてくれませんか)

洗濯機やエクササイズマシンの使い方は、こう聞く。操作して見せてほしいときは tell の代わりに show を使ってもよい。

DPEショップで

① フィルムを買う

Can I have a 24-exposure roll of Kodak?

(24枚撮りのコダックフィルムを1本ください)

② 電池を買う

Do you have batteries like this?

(こういう電池がありますか)

③ 現像／プリントしてもらう

I'd like to have this film developed, please.

(このフィルムを現像してください)

④ 仕上がり日をたずねる

When will it be ready?

(いつ仕上がりますか)

⑤ 写真を受け取る

I've come to pick up my prints. Are they ready?

(プリントを取りに来ました。できていますか)

Chapter 8 ● 生活体験

あるいは、まず簡単に Can I have a roll of film? (フィルムを 1 本ください)という。そうすれば、Which brand ⟨speed/ISO/ASA⟩? (メーカー／感度は何にしますか)とか、How many exposures? (何枚撮りですか)と聞いてくるはずだから、Fuji 100, 36 exposures, please. などと答えればよい。

電池の種類は海外では呼び方が異なるので、古くなった電池を見せてこう聞くのが手取っり早い。AA batteries (ダブルA＝単三電池)、AAA batteries (トリプルA＝単四電池)のように呼び方がわかっている場合は、Can I have two packages of AA batteries? (単三電池を2袋ください)といえばよい。

develop は「現像する」という意味だが、こういえば同時にプリントもしてくれる。サイズは、日本のサービスサイズくらいがよければ、Three and a half by five, please. ($3\frac{1}{2} \times 5$インチでお願いします)という。または、見本をさして、This size, please. といってもよい。

When can I pick it up? (いつ取りに来ればいいですか)と聞いてもよい。たとえ One-Hour-Photo であっても、1時間でできるとは限らない。早くやってほしいときは、Can you do it by three o'clock ⟨tomorrow morning⟩? (3時／明朝までにやってくれませんか)などと催促しよう。

もし約束の日時にできていなかったら、But you said they'd be ready by this afternoon. (でも、きょうの午後にはできるといいましたよ)とはっきりいおう。受け取った写真が間違っていた場合は、These aren't my photos. (これは私のではありません)といって返し、自分の写真を探してもらう。

郵便局で

⑥ 郵便料金をたずねる

How much is it to send a post card to Japan?

(日本に絵はがきを送るのにいくらかかりますか)

⑦ 切手を買う

I'd like stamps for ten post cards to Japan, please.

(日本に出す絵はがき10枚分の切手をください)

⑧ 印刷物を送る

I'd like to send this as printed matter.

(これを印刷物扱いで送りたいのですが)

⑨ 小包を送る

Can I send this as a small package?

(これは小包郵便で送れますか)

⑩ 中身に保険をかける

I'd like to insure this parcel for three hundred dollars.

(この小包に300ドルの保険をかけたいのですが)

Chapter 8 ● 生活体験

手紙を出す場合は、I'd like to send this letter by air to Japan. How much will it be? (日本へ航空便で送りたいのですが、いくらですか)といって切手を買う。どこの国でも均一料金で送れる便利な航空書簡(aerogramme)の料金を知りたいときは、How much is an aerogramme? とたずねる。

いくらの切手を貼ればよいかわかっている場合は、Ten forty-cent stamps, please. (40セントの切手を10枚ください)のようにいって買う。切手収集に関心のある人は、Do you have any commemorative ⟨recently issued⟩ stamps? (記念切手／最近発行された切手がありますか)と聞いてみよう。

こういった後に、By air ⟨sea⟩ mail, please. (航空便／船便で)と続ける。日本までどのくらい日数がかかるかは、How long does it take to get to Japan? と聞く。印刷物に手紙はご法度だ。You don't have letter in it, do you? (手紙は入っていませんね)と聞かれたら、No, I don't. と答えよう。

重量やサイズオーバーで小包扱いにならない場合は、Can I have two (small) mailing boxes? と、小包郵便用の箱を(サイズを指定して)買って詰め直すことも可能だ。海外小包は、2 sweaters—$120 (セーター 2 枚、120ドル)などと、中身(contents)の明細を税関用に記入する。

高価なものや大切なものを送るときは、保険(insurance)をかけよう。料金は、How much would it cost to insure it for three hundred dollars? (300ドルの保険をかけたいのですが、いくらですか)のように聞けばよい。また、最高補償金額は、What is the maximum coverage? とたずねる。

美容院・床屋で

⑪ 予約する

Could I make an appointment for a haircut?

(カットの予約をしたいのですが)

⑫ 値段をたずねる

How much do you charge for a haircut?

(カットはいくらですか)

⑬ 待ち時間をたずねる

How long is the wait?

(どれくらい待ちますか)

⑭ ヘアスタイルを注文する

Can you make it look like this photo?

(この写真のようにやってくれませんか)

⑮ 熱い！ 痛い！

The water's too hot!

(お湯が熱すぎる！)

Chapter 8 ● 生活体験

床屋は予約なしでもやってくれるところがほとんどだが、美容院(beauty parlor/hair salon)はたいてい予約が必要だ。When would you like to come in? (いつがよろしいですか)と聞かれたら、How about Friday afternoon, (at) around 3 p.m.? (金曜の3時頃はどうですか)のように希望をいう。

パーマの値段なら、How much is it to get a perm? と聞く。Is there an extra charge for shampooing? (シャンプー代は別ですか)とも聞いておこう。支払いは、終了後レジで料金を払い、This is for her. といってチップ(料金の1割程度)を自分の美容師に渡してもらうか、自分で渡すのがふつうだ。

"Walk-ins welcome"（予約なしでもどうぞ）と店頭に表示してある店に入って、Do you mind waiting? (お待ちいただくことになります)いわれたら、このように待ち時間を聞こう。かなり混んでいるときは、Can you squeeze me in? (無理にでもスケジュールに入れてもらえませんか)とお願いすることなる。

髪形の注文は、ヘアスタイルの雑誌などを見せて、こう頼めば簡単だ。すそを切り揃えてほしいときは、Just a trim, please. とか Can you trim an inch off? (1インチ刈ってくれますか)という。横や前髪を少しだけ切ってほしいときは、Can you take a little bit off the sides ⟨bangs⟩? という。

とっさのときは、(It's) Too hot! (熱い！)でよい。ドライヤーが熱すぎるときも同じだ。シャンプーが目に入ったときは、The shampoo's getting in my eye! と訴えよう。髪がつれたりして痛いときは、It hurts! (痛い！)で十分。仕上がりに満足したら、It looks great. Thank you. といって支払いに移ろう。

クリーニング店で

⑯ 服をクリーニングに出す

I'd like to have this jacket dry-cleaned.

(このジャケットをドライクリーニングしてほしいのですが)

---

⑰ シミ抜き／ボタン付け／糊付けを頼む

Can you get this stain out?

(このシミを抜いてくれませんか)

---

⑱ 服を受け取りに行く

I've come to pick up my jacket. Is it ready?

(ジャケットを取りに来ました。できていますか)

---

⑲ コインランドリーで洗濯機／乾燥機の使い方をたずねる

How many coins does this washer take?

(この洗濯機は硬貨がいくつ必要ですか)

---

⑳ お金を入れたのに動かないと訴える

This machine took my money.

(この機械にお金を取られちゃった！)

Chapter 8 ● 生活体験

ワイシャツの場合は、launder (洗濯してアイロンをかける)という動詞を使い、I'd like to have these shirts laundered. という。ハンガーにかけてほしければ、On hangers, please. と頼む。いつ取りに来たいか聞かれたら、Can you have it ready by Monday? (月曜までにできますか)と希望をいおう。

There's a stain here. (ここにシミがあるんです)と見せて、Will it come out? (取れますかね?)とたずねてもよい。ボタンが取れかかっているときは、Can I have this button sewn on? と付けてくれるように頼んでみよう。ワイシャツは、Light starch, please. (糊付けは軽く)と糊付けの好みをいおう。

slip/ticket (引替券)を渡せば、Is it ready? というだけで用が足りるだろう。引替券を忘れたりなくしたりした場合は、I forgot 〈lost〉 my ticket. といって自分の名前をいう。When did you bring it in 〈drop it off〉? (いつ持ってきましたか)と聞かれたら、On Monday. などと答える。

洗濯機(washer)や乾燥機(dryer)は総称して machine と呼ぶから、How much does it cost to run this machine? (この機械の使用料はいくらですか)と聞いてもよい。使い方がわからないときは、Can you show me how to use this machine? (この機械の使い方を教えてくれませんか)という。

コインを入れたのに機械が動かないときは、機械に当たらず店の人に文句をいおう。店の人が機械の近くにいない場合は、The washer in the middle is out of order. I lost my money in it. (真ん中の洗濯機が故障していて、お金をなくしました)と機械の位置をいって、お金を返してもらう。

スポーツクラブで

㉑ 施設が使えるかどうかたずねる

Can non-members use this club?

(このクラブは非会員でも使えますか)

㉒ 営業時間をたずねる

When are you open?

(何時から何時まで開いていますか)

㉓ テニスコートを予約する

Do you have any courts available for tomorrow afternoon?

(明日の午後、空いているコートがありますか)

㉔ ラケットやタオルを借りる

Do you have tennis rackets for rent?

(貸ラケットはありませんか)

㉕ エクササイズマシンの使い方をたずねる

Excuse me. Can you tell me how to use this machine?

(すみません、この機械の使い方を教えてくれませんか)

Chapter 8 ● 生活体験

ヘルスクラブ(health club)をはじめ sports 〈fitness〉 club は会員制がふつうだが、ビジター(visitor/non-member)でも使えるかもしれないから、こうたずねてみよう。使用料は、How much do you charge non-members? (ビジター料金はいくらですか)と聞けばよい。

何時まで開いているか知りたいときは How late are you open?、何時にオープンするかは What time do you open? とたずねる。ビジターがプールやアスレチックルームを使ってもよい時間帯を知りたいときは、What time is the pool 〈weight room〉 open to non-members? と聞く。

こうたずねて、Yes, we have a court available at two o'clock and another one at four. (2時にひとつ、4時にもうひとつ空いております)という答えが返ってきたら、Would you put me down for two o'clock? (2時に予約を入れてくれませんか)と希望の時間をいおう。

Do you rent tennis rackets? と聞くこともできる。rent の場合は、もちろんタダではない。How much do you charge per racket? (ラケット1本に付きいくらですか)とたずねよう。タオルやロッカーの鍵が借りれるかどうかも、Do you provide towels 〈locks for the lockers〉? と聞いてみよう。

サウナ(sauna)の温度調節の仕方を知りたいときは、Can you show me how to set the temperature? と聞けばよい。機械の強さを調節したいときは、How can I adjust 〈lower〉 the intensity level of this machine? (この機械の強度はどうやって調節する／下げるのですか)とたずねよう。

SKITS

SKIT 1 コダックのカラーフィルムを３本ください

Akiko: Masao, come and look! You can see the Golden Gate Bridge from here.
Masao: Now, that's what I call a view. Too bad we don't have views like this in Japan.
Akiko: Give me the camera. I want to take a picture.
Masao: Here you go.
Akiko: Masao, there's no film in it. Can you give me a new roll?
Masao: We don't have any more. We've used them all.
Akiko: Let's find a camera shop and buy some more.
(in the store)
Store clerk (C): Hi. Can I help you?
Akiko: Yes. Can I have three 24-exposure

SKIT 1

明子：正夫、来てみて。ここから金門橋が見えるわ。
正夫：ああ、これこそ絶景というべきものさ。残念ながら日本じゃこんな景色見られないからなあ。
明子：カメラをかして。写真を取りたいわ。
正夫：ほら。
明子：正夫、フィルムが入ってないじゃない。新しいフィルムをちょうだい。
正夫：もうないよ。全部使っちゃったんだ。
明子：カメラ屋を探して、もっと買って来ましょうよ。
(カメラ屋で)
店員(C)：いらっしゃいませ。
明子：コダック100の24枚取りを３本ください。
C：はい。ほかには？

Chapter 8 ● 生活体験

rolls of Kodak 100, please?
C: Sure. Anything else?
Akiko: Yes. I'd like you to develop these rolls of film. When do you think they will be ready?
C: I think we can have them ready by Friday afternoon.
Akiko: Oh, we're leaving town on Friday morning. Can you have them ready by Thursday?

明子：ええ、このフィルムを現像してほしいんですが、いつ仕上がると思いますか。
C：金曜の午後までにはご用意できると思います。
明子：でも私たち、金曜の朝には発つんです。木曜までにやってもらえませんか。
C：わかりました。木曜の午後までにやっておきましょう。
明子：ありがとう。

C：普通サイズでよろしいですか。
明子：ええ、いいわ。2枚ずつプリントしてもらうといくら余計にかかりますか。
C：ダブルプリントはフィルム1本につき2ドル増しです。ダブルになさいますか。
明子：そうします。
C：フィルム3本で9ドル77セントになります。

C: All right, I'll have them ready by Thursday afternoon.
Akiko: Thank you.
C: Is standard-size all right?
Akiko: Yes, that will be fine. How much is the extra charge for double prints?
C: It's two dollars more per roll. Would you like doubles?
Akiko: Yes, please.
C: All right, then—three rolls of film come to 9 dollars and 77 cents.
Akiko: Here you are.
C: Ten dollars and 23 cents is your change. Thank you.

SKIT 2　この写真のような髪形にしてください　🎧86

Akiko: If we're going to the theater tomorrow night, I want to go to the hairdresser.

明子：はい、どうぞ。
C：10ドル23セントのおつりです。ありがとうございました。

SKIT 2

明子：もし、あしたの夜劇場に行くのなら、私、美容院に行きたいわ。
正夫：なんでだよ。君の髪、だいじょうぶだよ。
明子：だめよ、こんなの。ひどい髪。
正夫：だいじょうぶだっていってるじゃないか。
明子：おだまり。私、美容院に電話して、髪を切ってもらうように予約するわ。
正夫：でも、どこの？　この辺で美容院なんて、知らないだろう？
明子：簡単よ。電話帳を見ればいいのよ。
（明子、美容院に電話する）

Chapter 8 ● 生活体験

Masao: Why? Your hair looks fine.
Akiko: No, it doesn't. It looks terrible.
Masao: I'm telling you, it looks fine.
Akiko: Shut up. I'm going to call and make an appointment to have it cut.
Masao: But where? You don't know any hair salons around here.
Akiko: It's easy. I'll just look in the phone book.
(Akiko calls a beauty salon)

美容院(B)：はい、ロイヤル・ビューティーサロンでございます。
明子：カットの予約をしたいのですが。
B：いつがよろしいでしょうか。
明子：明日の午後、5時以前に。
B：3時はいかがでしょう？
明子：ぴったりだわ。カットはおいくらですか。
B：25ドルです。お名前をどうぞ。
明子：アキコです。

B：アキコ様、では明日の3時にお待ちしております。
(美容院で)
明子：アキコです。3時に予約しているんですが。
美容師(H)：はい、こちらへどうぞ。きょうはどのようにいたしましょうか。
明子：この写真のようにやっていただけません？
H：やってみましょう。まず髪を

Beauty salon (B): Royal Beauty Salon. May I help you?
Akiko: Yes. Can I make an appointment for a haircut?
B: When would you like to come in?
Akiko: Tomorrow afternoon, before five.
B: How about at 3 p.m.?
Akiko: Perfect. How much do you charge for a haircut?
B: Twenty-five dollars. Can I have your name, please?
Akiko: It's Akiko.
B: Fine, Ms. Akiko. We'll see you tomorrow at 3 p.m.
(at the beauty salon)
Akiko: Hi. My name is Akiko. I have an appointment for 3 p.m.
Hairdresser (H): Yes. Come right this way.

お洗いします。どうぞこちらへ。
(シャンプー台で)
明子:アツイ! お湯が熱すぎます。
H:申し訳ありません。では、これくらいでいかがでしょう?
明子:よくなりました。

Chapter 8 ● 生活体験

How would you like your hair cut today?
Akiko: Can you make it look like this photo?
H: I'll do my best. First we'll wash your hair. Come this way, please.
(at the sink)
Akiko: Ouch! The water's too hot.
H: Sorry. There, how's that now?
Akiko: Better.

百聞は一見にしかず
積極アプローチ

　情報化時代のいま、各国の文化については新聞、テレビでよく知っているつもりでも、実際に出かけて行ってみると、事情はかなり異なるということがある。「百聞は一見にしかず」である。すでに知っているつもりのことを確認するためにも、まったく知らないことを体験するためにも、街に出よう。ことばは文化である。文化の中で直接体験して覚えた単語や表現はなかなか忘れないものだ。

　ところで、海外でコインランドリーを利用したり、郵便局に行ったりして、いわゆる「生活体験」をしてみると、待つことが多いのに驚かされる。日本から来た人なら、ふつうイライラするこの待ち時間が、実は積極アプローチのための絶好のチャンスなのだ。「待つ」イコール「おしゃべりタイム」と考えよう。

　そしてまた、街に出たら、美容院や床屋などマン・ツー・マンでサービスを受ける店にも行き、時間をかけてじっくり世間話をしてみるといい。なにげない日常会話の中に、学校の教科書からは学べなかった、生きた英語の表現がいくつも発見できるだろう。

積極度1（★）	簡単な質問のあとに雑談を続ける自然な形のアプローチ。
積極度2（★★）	床屋、美容院などでは相手のほうから話しかけてくるものだが、こちらから積極的に出れば、話はさらにはずむだろう。
積極度3（★★★）	黙々とひとりで運動中の人に、さりげなく、しかしあえて話しかける高度なアプローチ。

Chapter 8 ● 生活体験

★ コインランドリーで待っている人に

You: Are you waiting to use this machine?
Woman: No, I'm waiting for the dryer. Go ahead.
You: Thanks. You sure have a lot of clothes.
Woman: Yes, I know. I have two kids, and I can only do laundry once a week. I wish I had my own washer and dryer.
You: You don't?
Woman: My apartment building has a laundry room downstairs, but it's too crowded on weekends, because everybody wants to use . . .
You: I see . . .

あなた：この洗濯機を待ってるんですか。
女の人：いいえ、乾燥機のほう。どうぞ。
あなた：ありがとう。ずいぶんたくさんあるんですね。
女の人：そうなのよ。子どもがふたりいるけど、週に一度しか洗濯できないでしょ。うちに洗濯機と乾燥機があればいいんだけど。
あなた：ないんですか。
女の人：アパートには地下にランドリールームがあるけど、週末は混んでてね。みんなが使いたがるから。
あなた：そうなんですか……

★★ 床屋で

You: It was raining today, so I decided to get my hair cut instead of sightseeing.
Barber: Are you from out of town?
You: Yes, I'm from Japan.
Barber: There used to be a Japanese businessman

who came in here quite often. I wonder if he went back home.
You: Many businessmen are sent to the States for one or two years by their companies. Do you think he liked living in America?
Barber: I think so. He seemed to have a lot of friends, and . . .

あなた：きょうは雨だったから、見物に行かないで散髪することにしたんです。

床屋：よその方ですか。

あなた：はい、日本から来ました。

床屋：以前、よくここに来る日本人のサラリーマンがいましたよ。もう日本に帰ったのかな。

あなた：アメリカに１、２年、会社から派遣される人は多いんですよ。その人、アメリカの生活が気に入っているようでしたか。

床屋：たぶんね。友だちもたくさんいたようだったし、それに……

★★★ スポーツクラブで、エアロ・バイクをこぎながら 89

You: Do you come here a lot?
Man: I try to come here at least three times a week. My wife keeps telling me I have to lose weight—otherwise she's going to find a new husband.
You: You're kidding!
Man: Yeah. But seriously, if I don't exercise, I easily gain weight.
(in between exercises)

Chapter 8 ● 生活体験

You: I should have asked the trainer, but can you tell me which machine is good to exercise my back?
Man: Sure. Come over here . . .

あなた：よくいらっしゃるんですか。
男の人：少なくとも週に3回は来るようにしてます。女房がうるさくてね、やせないと新しい夫を探すっていうんです。
あなた：冗談でしょ？
男の人：ええ。でも真面目な話、ほんとに運動しないとすぐ太るから……。
（運動の合間に）
あなた：トレーナーに聞いとけばよかったんですけど、背中を鍛えるにはどのトレーニングマシンがいいか教えてくれませんか。
男の人：もちろん。こっちですよ……

Tips for Trips

沈黙は金ではありません

　海外旅行中、ホテルに滞在して観光をして回るだけでなく、郵便局や美容院に行くなどの「生活体験」をしてみると、その国や町の文化がよくわかる。そして、実際、そういった体験の中で町の人たちとことばを交わしてこそ、英語力にも磨きがかかるというものだ。

　しかし、日本のように「以心伝心」が通用しない外国では、日本人旅行者はかなりの覚悟をしておく必要がある。海外ではSilence is NOT golden.——すなわち沈黙は決して金ではないからだ。それどころか、欧米では権利を「主張する」ことがサバイバルの必須条件といっても過言ではない。

● 待つ・並ぶ・耐える

　日本では「お客様は神様」だから、客を待たせないようにと店の者が極力努力する。ところが海外では、とにかく待ったり並んだりすることが多い。

　たとえば、郵便局で長蛇の列ができているときに、自分の番が回ってきた客が何やら込み入った質問をしたとしよう。すると局員は、長い列でシビレを切らして待っている他の客のことはまったく眼中にないかのごとく(たぶん、本当に眼中にない)、その客の話をていねいに聞いてゆっくりと処理する、といった具合だ。

　日本人の目には、「何をモタモタやってるんだろう」というふうに映り、「そんなつまらない質問にはさっさと答えて、私たちの用事を早く処理してくれ」と腹を立てたくなるだろう。しかし、よく考えてみると、その客にとっては、聞いて

いることが大切な用件かもしれないし、ほかの人が勝手に自分の用事のほうが重要だと考えることは、できないはずである。自分が、その「つまらない質問をする」立場になったときには、こういった局員の態度がむしろありがたく思えるだろう。そして、そのような姿勢があるからこそ、欧米では個人が堂々と権利を主張することができるのだ、とも考えられる。しかし、不当に待たされたりするようなことがあったら、Silence is NOT golden. の教訓を思い出し、権利を主張することが大切だ。

● 予約とチップ

海外で生活していて、もうひとつ感じることがある。それは、たとえば美容院などでサービスを受けようとしたら、予約が必要だったり、チップをあげたりと、とにかく客のほうからの働きかけと努力や気配りが必要だ、ということだ。旅行していて、こういう習慣が鼻に突き出すと、「なんてずうずうしい」と憤慨したくなったりもするだろう。

しかし、これも「文化の違い」と悟って、おとなしく土地の習慣に従おう。Do in Rome as the Romans do.(郷に入りては郷に従え)とか、Every country has its law.(それぞれの国には、それぞれの習わしがある)というではないか。

● 美容師と歯医者のオシャベリ

海外では「沈黙は金ではない」と先に述べたが、アメリカでは特に silence = unfriendliness(沈黙＝無愛想)と受け取られる傾向があり、あまりおとなしいのは人から好かれない。反対に、オシャベリは friendliness(人なつこさ)の現れといわんばかりに、特に客商売の人のオシャベリはすごい。

日本では、何か真剣にやるときには「黙って」するものだという考え方がある。したがって、アメリカ人の美容師や歯医者が客や患者にベラベラと話しかけてくることには、日本人は最初はかなりの抵抗を感じるようだ。

もちろん、日本の美容師も客に話しかけるが、客を客として扱いつつ、ほどほどにするのが普通だ。ところが、アメリカ人の場合は、井戸端会議的なおしゃべりが延々と続くことがよくある。「ちゃんと神経を集中して髪を切っているのだろうか」と疑いたくなることもしばしばだ。
　そして、もっと困るのが、歯医者のオシャベリだ。何回か通っているうちに顔馴染みになろうものなら、もうたいへん。歯の治療中にいろいろと話しかけてくる。単に、Yes-No Questionsなら、口を開けたままでも、「アン」(yes)とか「アアン」(no)とか合図を打てるが、そんなことにはおかまいなしで話しかけてくるのには、まったく閉口する——いや、文字どおり、開いた口がふさがらない。

(高橋朋子)

Chapter 9
SOS

Chapter 9 ● SOS
SOS

　旅先で盗難にあったり、病気になるのは、日本でそういったことに遭遇するとき以上に心細く、ショックも強いものです。せっかくの旅行が台無しにならないように、病気やけがはできるだけ早く手当をしてもらい、盗難は直ちに関係機関に届けましょう。もちろん、出かける前に旅行保険に入っておくことはいうまでもありません。
　保険と同時に用意しておきたいのが、エマージェンシーのための英語表現です。この Chapter 9 には、なくし物や盗難、病気やけが、そして車の事故やトラブルなどに見舞われたとき、そのまますぐに役立つ表現を集めました。とっさのときに、Police! Help!（おまわりさーん！　助けてー！）と大声で叫べるように、声に出して練習しておいてください（別売りのカセットテープに、リアルタッチのナレーションが収録されています。合わせてご利用ください）。

Chapter 9 ● SOS

なくし物・盗難

盗まれた

My money was stolen.
(お金を盗まれたんです)

Someone stole my traveler's checks.
(誰か私のトラベラーズチェックを盗んだんです)

I had my wallet pickpocketed on the subway.
(地下鉄でスリに財布をとられました)

なくした

I lost my purse.
(財布をなくしたんです)

I can't find my passport.
(パスポートが見つからないんです)

I seem to have lost my MasterCard while I was shopping here.
(ここで買い物中にマスターカードをなくしたみたいなんです)

置き忘れた

I left my bag here.
(ここにバッグを置き忘れたんです)

Have you seen a blue coat? I put it on this chair.
(ブルーのコートを見ませんでしたか。このイスに掛けておいたんですが)

関係機関に届ける

Where's the police station?
(警察はどこですか)

Is there a lost and found in the store?
(店内に遺失物係がありますか)

What's the number for the Japanese Consulate?
(日本領事館の電話番号は何番ですか)

キャンセル／再発行してもらう

I'd like to put a stop on my card.
(クレジットカードを一時ストップしたいんです)

I'd like to have them reissued.
(再発行してほしいんです)

Could you issue me a replacement card right away?
(代わりのカードを大至急発行してくれませんか)

助けを求める

Help!
(助けてー！)

Police!
(おまわりさーん！)

Thief!
(どろぼー！)

I've been robbed!
(盗まれたー！)

Chapter 9 ● SOS

He took my money!
(その人がお金を取ったんでーす!)

Stop him!
(そいつをつかまえろー!)

Somebody, please stop him!
(誰か、その人をつかまえてくださーい!)

飛行機から手荷物が出てこない

My baggage didn't come out.
(荷物が出てきません)

I can't find my bags.
(バッグが見つかりません)

Can you put a trace on my suitcase?
(スーツケースを追跡調査してくれませんか)

Is this all the baggage from Flight 233?
(233便の手荷物はこれで全部ですか)

病気・けが

風邪・熱・頭痛

I have a cold.
(風邪をひいたんです)

I have a fever.
(熱があるんです)

I have a headache.
(頭が痛いんです)

I have a runny nose.
(鼻水が出るんです)

I have a sore throat.
(のどが痛いんです)

My nose is stuffy.
(鼻がつまっているんです)

I keep sneezing.
(くしゃみが止まりません)

腹痛

I have a stomach ache.
(お腹が痛いんです)

I have diarrhea.
(下痢をしています)

I feel like throwing up.
(吐き気がするんです)

痛みを訴える

It hurts here.
(ここが痛いんです)

I have a sharp pain.
(キリキリ痛みます)

My back hurts.
(背中が痛いんです)

その他の症状

I feel sick.
(気分が悪いんです)

I have no appetite.
(食欲がありません)

I have chills.
(寒気がします)

I have high blood pressure.
(血圧が高いんです)

I feel dizzy.
(目まいがします)

I want to lie down.
(横になりたいんです)

けが

I sprained my left ankle.
(左の足首をねんざしました)

I cut my finger.
(指を切ったんです)

I hit my head.
(頭を打ちました)

I burned my hand.
(手をやけどしました)

I scraped my knee.
(ひざを擦りむいたんです)

I broke my leg.
(足を骨折しました)

病状をたずねる

What's wrong?
(どこが悪いんでしょうか)

Can I continue my trip?
(旅行を続けていいですか)

Is it contagious?
(伝染性の病気でしょうか)

Chapter 9 ● SOS

Do I have to go to the hospital?
(入院しなければならないですか)

How long will I have to stay in bed?
(どれくらい寝ていなければなりませんか)

How long do I have to stay in the hospital?
(どれくらい入院しなければなりませんか)

医者／看護婦を呼んでもらう

Would you call a doctor, please?
(医者を呼んでくれませんか)

Can you get me a nurse?
(看護婦を呼んでくれませんか)

救急車を呼んでもらう・病院へ行く

I need an ambulance right away.
(すぐに救急車が必要なんです)

Please take me to the hospital.
(病院に連れていってください)

I'd like to make an appointment to see the doctor.
(診察の予約をしたいんですが)

Is there a Japanese-speaking doctor?
(日本語を話す医者はいませんか)

薬をもらう・服用法をたずねる

I need some medicine.
(薬がほしいんですが)

I'm out of my medicine.
(薬が切れたんです)

I need something to help me sleep.
(眠れるように何か薬がほしいんですが)

Can you fill this prescription for me?
(この処方箋に書いてある薬をください)

How often do I need to take this?
(これは1日に何回服用すればいいんですか)

Does this medicine have any side effects?
(この薬は副作用はないですか)

治療費を払う

I have traveler's insurance.
(旅行保険があります)

May I have a receipt for my health insurance?
(保険申請用に領収書をもらえますか)

I'm paying in cash.
(現金で払います)

血液型／体質を告げる

My blood type is B.
(血液型はBです)

I'm allergic to most antibiotics.
(ほとんどの抗生物質にはアレルギーなんです)

I'm allergic to aspirin.
(アスピリンにはアレルギーなんです)

車の事故・トラブル

交通事故を起こした

I was rear-ended.
(追突されました)

I hit the guardrail.
(ガードレールに衝突しました)

I was in a car accident at Third Avenue and 13th Street.
(3番街と13丁目の角で車の事故にあいました)

I hit somebody.
(人をはねてしまいました)

Someone's been injured.
(ケガ人が出ました)

Please send an ambulance.
(救急車をよこしてください)

車が故障した

I have a flat tire.
(車がパンクしたんです)

The car doesn't start.
(車がスタートしません)

The engine won't turn over.
(エンジンがかからないんです)

The battery is dead.
(バッテリーが上がってしまいました)

Chapter 9 ● SOS

The brakes feel weak.
(ブレーキが甘いんです)

Can you repair it?
(修理できますか)

I need a tow truck.
(レッカー車が必要なんです)

SKITS

SOS 1　デパートの遺失物係で：
あーあ、私って旅行のたびに何かなくすみたい

Akiko: Excuse me, could you help me?
Lost property clerk (L): Yes. What seems to be the problem?
Akiko: Well, I was wondering if anyone has turned in a passport.
L: I'm afraid not. Have you lost your passport?
Akiko: I think so. I can't find it anywhere in my hotel room, and I remember the last place I used it yesterday was in this department store.
L: Where exactly did you use your passport in the store?
Akiko: In the shoe department. I had to show it to pay for these shoes with my traveler's

---

SOS 1

明子：すみません……。
遺失物係(**L**)：はい、どうなさいました？
明子：あのー、誰かパスポートを届けてくれていないかと思って。
L：いいえ。パスポートをなくされたんですか。
明子：そうらしいんです。ホテルの部屋のどこにもなくて。きのう、最後に使ったのは、このデパートだって覚えているんです。
L：正確には、店内のどこでお使いになりましたか。
明子：靴売場です。この靴をトラベラーズチェックで買うのに、見せなければならなかったんです。
L：じゃあ、靴売場に電話して、パスポートが届いていないか聞いてみましょう。
（1分後）

Chapter 9 ● SOS

checks.

L: Well, let me call the shoe department to see if they've found a passport.

(a minute later)

L: Sorry—your passport's not been turned in there, either.

Akiko: Then what shall I do?

L: You can fill in this lost property report, and I'll keep my eye out for it. Those kinds of things usually turn up eventually, but I suggest you contact your embassy and tell them about your situation, so they can issue you a new passport in case it doesn't show up.

Akiko: You're right. Do you have a pen?

L: Here you are.

Akiko: Oh, I seem to lose something every time I travel.

L：申し訳ありませんが、お客さまのパスポートはあちらにも届いておりません。
明子：じゃあ、私どうすればいいのかしら。
L：この遺失物報告書にご記入ください。気をつけておきましょう。こういうものは、たいてい、いずれ出てくるものなんですが、大使館に連絡して事情を説明しておいたほうがいいでしょう。もし出てこなかった場合、再発行してもらわなければなりませんからね。
明子：そのとおりですね。ペンはありますか。
L：どうぞ。
明子：あーあ、私って、旅行するたびに何かなくしてるみたい。

SOS 2　空港の手荷物受取所で：
スーツケースがひとつ出てこないのです

Masao: Is this where I go about lost luggage?
Lost luggage clerk (L): Yes, sir. Can I help you?
Masao: Well, one of my suitcases hasn't shown up.
L: What flight were you on?
Masao: ABC Air, Flight 236.
L: And what does the suitcase look like?
Masao: It's a metallic gray Samsonite, and there's a whole bunch of travel decals on both sides of it.
L: OK. Can I see your baggage claim check?
Masao: It should be stapled to my ticket... here.
L: OK, sir. First, why don't you have a look over there on those shelves? That's the unclaimed baggage from ABC flights today.

SOS 2

正夫：なくなった荷物の問い合わせはここでいいんでしょうか。
遺失物係(L)：そうです。どうしましたか。
正夫：スーツケースがひとつ出てこないのです。
L：お客さまの便名は？
正夫：ABC 航空の236便です。
L：どんなスーツケースでしょう？
正夫：メタリック・グレイのサムソナイトで、両面にステッカーがたくさん貼ってあるんです。
L：手荷物引替券を拝見できますか。
正夫：チケットにホチキスで止めてあったはずだから……はい、ありました。

Chapter 9 ● SOS

(a few minutes later)
L: No luck?
Masao: No, I'm afraid it's not there.
L: Then why don't you fill out this form and sign it?
(Masao fills out the form and signs it)
L: OK, I'll put a trace out on it. When it comes in, I'll forward it to your address. What is it?
Masao: I'm staying at the Hilton Seaside. You know, I really need that suitcase. All my clothes are in that one.
L: We'll do our best, sir.

L：オーケー、ではまずあちらの棚を見てみてください。きょうのABC航空で届いた引き取り手のない荷物です。
(数分後)
L：だめでしたか。
正夫：あそこにはないようですね。
L：そうですか。ではこの用紙に記入して、ご署名をお願いします。
(正夫、記入して署名する)
L：はい、どうも。追跡調査をしてみて、見つかったらご住所にお届けします。どちらですか。
正夫：シーサイド・ヒルトンに泊まっています。どうしてもあのスーツケースが必要なんですよ。服が全部入っているんですから。
L：できるだけのことはいたします。

SOS 3 病院で：
あと30分も待ったら痛くて気絶しそうです　track 95

Akiko: Can I see the doctor?
Reception nurse (N): Yes. Do you have an appointment?
Akiko: No, I don't.
N: Well, Dr. Krebs sees nobody without an appointment.
Akiko: Well, I'm spending my vacation here, and I have a stomach ache and . . .
N: Oh, I see. We can maybe fit you in at three.
Akiko: I'd prefer to see him as soon as possible. If I have to wait for another 30 minutes, I think I'll faint from this unbearable pain in my stomach and . . .
N: Oh, why didn't you say it's an emergency? Here—fill in this and take a seat. I'll send you

---

SOS 3
明子：お医者さんに診ていただきたいんですが。
受付の看護婦(N)：はい、予約していらっしゃいますか。
明子：いいえ。
N：予約していただかないと、クレブ先生はどなたもご覧にならないんですよ。
明子：でも、私、旅行に来ていて、腹痛がするので……。
N：まあ、そうですか。たぶん3時ならなんとかなると思いますけど。
明子：できるだけ早く診てほしいんです。もしあと30分も待たなければならなかったら、ひどい痛みで気絶しそう……。
N：まあ、どうして「エマージェ

Chapter 9 ● SOS

in next.
(Akiko fills in the form and presents it to the nurse)
N: You don't have insurance?
Akiko: No, not for this country.
N: How about traveler insurance?
Akiko: No, I didn't think I'd need it.
N: Can you pay cash, then?

ンシー」とおっしゃらなかったんです？ さあ、これに記入して、おかけください。
(明子、用紙に記入して看護婦に渡す)
N：保険はお持ちではないんですか。
明子：この国のはありません。
N：旅行保険は？
明子：ありません。必要になると思っていなかったので。
N：じゃあ、現金でお支払いいただけますか。
明子：現金でもカードでも小切手でも、何でもいいから診てほしいんです！ 痛いんです！
N：落ち着いてください、木村さん。私はただ、自分の仕事をしようとしているだけです。
明子：わかってます。ごめんなさ

Akiko: Cash, charge, check, anything! I just have to see a doctor. I'm in pain!

N: All right—relax, Ms. Kimura. I'm only trying to do my job.

Akiko: I know. I'm sorry I yelled at you.

Doctor (D): (coming out from his office) Who's next?

N: This lady here—Ms. Kimura.

D: Come this way, Ms. Kimura.

(in the examination room)

D: Now, what seems to be the trouble, Ms. Kimura?

Akiko: I have a terrible pain in my stomach.

D: I see. How long has this pain been occurring?

Akiko: Since late last night.

D: I see. Let's have a look, shall we? Could you lift up your shirt? (the doctor examines Akiko) What did you eat yesterday?

い、叫んだりして。
医者(D)：(診察室から出てきながら)次の方は？
N：こちらの木村さんです。
D：こちらへどうぞ、木村さん。
(診察室で)
D：さて、どうしましたかな。
明子：お腹がひどく痛むんです。
D：そう。どれくらい痛みが続いていますか。

明子：きのうの夜遅くからです。
D：では診てみましょうか。シャツをめくってもらえますか。(明子を診察しながら)きのうは何を食べましたか。
明子：オイスターバーに行って、それから中華料理を食べに行きました。その後でイタリアのアイスクリームとカネロニを食べて、エスプレッソを飲んで、そのあと

Chapter 9 ● SOS

Akiko: We went to an oyster bar, and then we went to eat Chinese food. After that, we had Italian gelato, canelloni, espresso, and...

D: Did you throw up, or did you have the runs?

Akiko: Both.

D: Well, that could be an upset stomach from overeating. Allergic to any drugs?

Akiko: No.

D: Any heart trouble?

Akiko: No.

D: All right, Ms. Kimura. Take this prescription to the pharmacy. The reception nurse'll give you directions to the pharmacy. Take the medicine every six hours and stay in bed today, OK?

Akiko: OK, doctor. Thank you very much.

で……。
D：昨夜は吐いたり下痢をしたりしましたか。
明子：両方です。
D：たぶん食べすぎからくる腹痛ですね。薬に対するアレルギーはありませんか。
明子：ありません。
D：心臓に問題は？
明子：ありません。

D：さあ、結構ですよ、木村さん。この処方箋を薬局へ持っていってください。受付の看護婦が行き方を教えてくれるでしょう。薬は6時間おきに飲んで、きょうは寝ていてください。わかりましたね。
明子：わかりました。どうもありがとうございました。

SOS 4 ハイウエーで：
追突されてバンパーがへこんでしまったんです

Masao: Oh, no!
Young guy: I'm sorry. Look, I'll pay for everything. Just don't call the police. My dad's gonna kill me.
Masao: Sorry, I have to. I also have to call the rent-a-car office.
(Masao calls the rent-a-car office)
Rent-A-Car agent (R): Quick Rent-A-Car. May I help you?
Masao: I have bad news.
R: Yes?
Masao: I was rear-ended just now on Highway 270, between Maple Wood and White Creek. And it made a little dent in the bumper.
R: There's really no need to worry as you

SOS 4

正夫：わっ、たいへんだ！
若者：すみません。お金は全部払いますから、警察だけは呼ばないでください。親父に殺されちゃいます。
正夫：残念ながら、そうはいかないね。レンタカー会社にも電話しなきゃいけないし。
(正夫、レンタカー会社に電話する)
レンタカー会社(R)：はい、クイック・レンタカーです。
正夫：悪い知らせです。
R：というと？
正夫：たったいま、追突されたんです。270号線のメイプルウッドとホワイトクリークの間で。それで、バンパーが少しへこんでしまいました。
R：ご心配には及びません。障害

Chapter 9 ● SOS

have accident liability coverage. Just call the police and get a copy of the report. Do you know the number to call the police?
Masao: Yes, I think so. It's 543-1800, right?
R: That's it. You can exchange your car at our nearest office.
Masao: I'll do that. Thank you very much.
R: You're welcome. You take care and drive safe. Bye-bye.
(a policeman arrives on the scene)
Police (P): OK, what happened?
Masao: Officer, I got rear-ended.
P: Is that right, son?
Young guy: I guess so.
P: OK, this seems pretty clear-cut. Both of you please give me your licenses and registrations. And son, I'm afraid we're going to have to give you a breathalyzer test.

保険がかけてありますから。警察を呼んで事故報告書のコピーをもらっておいてください。警察の番号はおわかりですね。
正夫：はい。543-1800ですね。
R：そうです。最寄りのクイック・レンタカーのオフィスで、車をお取り替えください。
正夫：そうします。どうもありがとう。
R：どういたしまして。お気をつけて、安全運転を。さようなら。
(警官が現場に到着する)
警官(P)：何があったんですか。
正夫：追突されたんです。
P：そうなのかい？
若者：そうみたいです。
P：事は明らかなようですね。ふたりとも免許証と車の登録証を出してください。あと、君。君にはアルコール検査をしなきゃならないようだね。

旅に連れていく英単語500

機内

- ☐ **airsickness bag** 乗物酔い用の袋
- ☐ **aisle seat** 通路側の席
- ☐ **announcement** 機内アナウンス
- ☐ **blanket** 毛布
- ☐ **business class = executive class** ビジネスクラス
- ☐ **boarding pass** 搭乗券
- ☐ **cabin** 客室
- ☐ **captain** 機長
- ☐ **cockpit** 操縦室
- ☐ **crew** 乗員
- ☐ **delay** 遅れ(る)
- ☐ **duty-free sales = in-flight sales** 機内販売
- ☐ **earphones** イヤホン
- ☐ **economy class = coach** エコノミークラス
- ☐ **emergency exit** 非常口
- ☐ **Fasten seat belt** ベルト着用(のサイン)
- ☐ **first class** ファーストクラス
- ☐ **flight attendant** 機内乗務員
- ☐ **in-flight magazine** 機内誌
- ☐ **in-flight movie** 機内映画
- ☐ **in-flight service** 機内サービス
- ☐ **land (ing)** 着陸(する)
- ☐ **lavatory** トイレ
- ☐ **life vest ⟨jacket⟩** 救命胴衣
- ☐ **local time** 現地時間

- [ ] **meal service** 食事のサービス
- [ ] **non-smoking section** 禁煙席部分
- [ ] **occupied** （トイレが）ふさがっている
- [ ] **overhead bin** 頭上の荷物入れ
- [ ] **oxygen mask** 酸素マスク
- [ ] **passenger** 乗客
- [ ] **pillow** 枕
- [ ] **reading light** 読書灯
- [ ] **reclining seat** リクライニングシート
- [ ] **seat** 座席
- [ ] **seat belt** シートベルト
- [ ] **smoking section** 喫煙席部分
- [ ] **special meal** 特別食
- [ ] **take off** 離陸する
- [ ] **transit pass** 乗り継ぎパス
- [ ] **tray** トレー、お盆
- [ ] **vacant** （トイレが）空いている
- [ ] **ventilation** 頭上の送風(装置)
- [ ] **window seat** 窓側の席
- [ ] **wing** 翼

空港

- [ ] **air fare** 航空運賃
- [ ] **airline counter** 航空会社のカウンター
- [ ] **airport bus** 空港バス
- [ ] **airport tax** 空港税
- [ ] **alien** 外国人(の)
- [ ] **arrival time** 到着時刻
- [ ] **baggage = luggage** 手荷物
- [ ] **baggage claim area** 手荷物受取所
- [ ] **baggage claim tag** 手荷物引換証
- [ ] **boarding gate** 搭乗口
- [ ] **boarding pass** 搭乗券
- [ ] **boarding time** 搭乗時刻

- **bus stop ⟨terminal⟩** バス乗り場
- **cancel** キャンセルする
- **cancellation charge ⟨penalty⟩** キャンセル料
- **carry-on baggage** 機内持ち込み手荷物
- **cart** カート
- **check in** チェックインする
- **check-in counter** チェックインカウンター
- **confirm** (予約の)確認をする
- **connecting flight** 接続便
- **contact address** 連絡先
- **customs** 税関
- **customs declaration form** 税関申告書
- **declare** 申告する
- **departure time** 出発時間
- **destination** 目的地
- **direct = non-stop** 直行の
- **discount ticket** 割引航空券
- **domestic flights ⟨service⟩** 国内線
- **duty-free shop** 免税店
- **E/D card = Embarkation/Disembarkation card** 出入国記録カード
- **excess baggage** 超過手荷物
- **exchange rate** 為替相場
- **expiration date** 有効期限
- **flight** 飛行、フライト
- **flight (number)** 便名
- **flight schedule** 飛行予定
- **foreign exchange** 両替所
- **gate → boarding gate**
- **gift** プレゼント
- **hotel bus** ホテルの送迎バス
- **I-94 form** アメリカ出入国カード
- **identification (ID)** 身分証明書
- **immigration** 入国審査

- ☐ **information** 案内
- ☐ **international flights** 〈**service**〉 国際線
- ☐ **limousine** リムジン
- ☐ **lost and found** 遺失物取扱所
- ☐ **nationality** 国籍
- ☐ **non-resident** 非居住者
- ☐ **occupation** 職業
- ☐ **on schedule = on time** スケジュール通りに
- ☐ **open ticket** 便名指定のない航空券
- ☐ **overbooked** 予約を受け付けすぎた
- ☐ **passenger** 乗客
- ☐ **passport** パスポート、旅券
- ☐ **personal belongings** 身の回りの物
- ☐ **public telephone = pay phone** 公衆電話
- ☐ **purpose of travel** 〈**visit**〉 旅行／訪問目的
- ☐ **quarantine** 検疫
- ☐ **registered domicile** 本籍
- ☐ **seat assignment** 座席指定
- ☐ **security check** 手荷物検査
- ☐ **shuttle** 近距離間の連続往復便
- ☐ **sightseeing** 観光
- ☐ **sky cap** ポーター
- ☐ **stand-by** スタンバイ
- ☐ **stop over** 一時寄港する
- ☐ **terminal** ターミナル
- ☐ **temporary address** 一時的な滞在先
- ☐ **ticketing counter** 発券カウンター
- ☐ **timetable** 時刻表
- ☐ **transfer** 乗り換え(る)
- ☐ **transit** 通過(する)
- ☐ **unchecked baggage** → **carry-on baggage**
- ☐ **unaccompanied baggage** 別送手荷物
- ☐ **visa** ビザ、査証
- ☐ **wing** ウイング

ホテル

- [ ] **accommodations** 宿泊施設一般
- [ ] **air conditioner** エアコン
- [ ] **area code** 電話番号の地方局番
- [ ] **banquet room** 宴会場
- [ ] **bed and breakfast (B&B)** 朝食付き民宿
- [ ] **bellboy** ベルボーイ
- [ ] **beverage** 飲み物
- [ ] **bill = check** 勘定書
- [ ] **cashier** 会計係
- [ ] **check in** チェックインする
- [ ] **check out** チェックアウトする
- [ ] **cloakroom** クロークルーム
- [ ] **complimentary** 無料／優待の
- [ ] **concierge** コンシェルジュ、案内
- [ ] **confirmation slip** (予約)確認証
- [ ] **cot** 折りたたみベッド
- [ ] **deposit** 預かり金
- [ ] **dining room** 食堂
- [ ] **doorman** ドアマン
- [ ] **double room** ダブルの部屋
- [ ] **drinking water** 飲料水
- [ ] **elevator** エレベーター
- [ ] **emergency exit** 非常口
- [ ] **extension (number)** 内線
- [ ] **extra bed** 予備のベッド
- [ ] **fire alarm** 火災警報、火災報知機
- [ ] **fire exit** 非常口
- [ ] **front desk** フロント
- [ ] **hot water** お湯
- [ ] **house phone** 館内電話
- [ ] **inn** 宿
- [ ] **key** 鍵

- ☐ **lift** エレベーター(英)
- ☐ **linen** シーツ類
- ☐ **lobby** ロビー
- ☐ **local call** 市内通話
- ☐ **lodge** ロッジ
- ☐ **long-distance call** 市外通話
- ☐ **lounge** ラウンジ
- ☐ **maid** メード
- ☐ **manager** 支配人
- ☐ **message** メッセージ、伝言
- ☐ **motel** モテル
- ☐ **operator** 交換手
- ☐ **out of order** 故障している
- ☐ **overseas call** 国際電話
- ☐ **pension** 民宿、ペンション
- ☐ **reception** 受付
- ☐ **registration form** 宿泊申込書
- ☐ **reservation** 予約
- ☐ **room service** ルームサービス
- ☐ **safe deposit box** 貴重品預かり金庫
- ☐ **service charge** サービス料
- ☐ **signature** 署名、サイン
- ☐ **single room** シングルルーム
- ☐ **stairs** 階段
- ☐ **suite** スイートルーム
- ☐ **tax** 税金
- ☐ **twin room** ツインルーム
- ☐ **vacancy/no vacancy** 空室あり／空室なし
- ☐ **valet service** クリーニングサービス
- ☐ **valuables** 貴重品
- ☐ **voucher** 引替証
- ☐ **wake-up call** モーニングコール
- ☐ **youth hostel** ユースホステル

交通

- **booking** 予約(主に英)
- **bus depot** 長距離バスの停留所
- **bus stop** バス停
- **bus tour** バス旅行
- **car park** 駐車場(英)
- **change trains** 電車を乗り換える
- **charge** 料金、費用
- **coach** 長距離バス(米)
- **compact car** 小型車
- **conductor** 車掌(米)
- **crossing** 交差点(英)
- **dining car** 食堂車
- **direct = non-stop** 直行の
- **double-decker** 2階建てのバス
- **driver** 運転手
- **driver's license** 運転免許証(米)
- **driving license** 運転免許証(英)
- **drop-off charge** 乗り捨て料金
- **entrance** 入口
- **exit** 出口
- **express** 急行
- **fare** 運賃
- **first-class** 一等(の)
- **first train** 始発
- **flat (tire)** タイヤのパンク
- **full-size car** 大型車
- **full coverage** 全補償
- **full service** ガソリンスタンドの有人サービス
- **gasoline = gas** ガソリン(米)
- **guard** 車掌(英)
- **insurance** 保険
- **international driving license** 国際運転免許証

- ☐ **intersection** 交差点(米)
- ☐ **itinerary** 旅程
- ☐ **last train** 終電
- ☐ **leave** 出発する
- ☐ **limited express** 特急
- ☐ **local train** 各駅停車
- ☐ **long distance bus** 長距離バス
- ☐ **luxury car** 高級車
- ☐ **metro** 地下鉄(パリ、ワシントンDCなどで)
- ☐ **mid-size car** 中型車
- ☐ **mileage charge** 走行料金
- ☐ **night train** 夜行列車
- ☐ **one-day pass** 一日乗車券
- ☐ **one-way ticket** 片道券(米)
- ☐ **out of gas** ガス欠の
- ☐ **out of order** 故障した
- ☐ **parking fee** 駐車料金
- ☐ **parking lot** 駐車場
- ☐ **parking meter** パーキングメーター
- ☐ **passenger** 乗客
- ☐ **petrol 〈filling〉 station** ガソリンスタンド(英)
- ☐ **platform** プラットホーム
- ☐ **public transportation** 公共交通機関
- ☐ **refund** 払い戻し(をする)
- ☐ **regular train** 普通電車
- ☐ **rent-a-car office = car rental agency** レンタカーオフィス
- ☐ **reservation** 予約
- ☐ **return ticket** 往復切符(英)
- ☐ **road map** 道路地図
- ☐ **round-trip ticket** 往復切符(米)
- ☐ **second-class** 二等(の)
- ☐ **self-service** セルフサービス(の)
- ☐ **shuttle bus** 折り返し運転のバス

- ☐ **sightseeing bus** 観光バス
- ☐ **single ticket** 片道切符(英)
- ☐ **sleeper** 寝台車
- ☐ **sports car** スポーツカー
- ☐ **station** 駅
- ☐ **street map** 市街地図
- ☐ **stop** バス停、駅、停車する
- ☐ **subway map** 地下鉄の路線図
- ☐ **subway** 地下鉄
- ☐ **super express** 超特急
- ☐ **taxi stand** タクシー乗り場
- ☐ **terminal** 終点
- ☐ **ticket** 切符
- ☐ **ticket office = ticket window** 切符売場
- ☐ **timetable** 時刻表
- ☐ **token booth** トークン売場
- ☐ **toll** 通行料金
- ☐ **traffic light** ⟨**signal**⟩ 交通信号
- ☐ **traffic sign** 交通標識
- ☐ **train map** 電車／列車の路線図
- ☐ **transfer** 乗り換える、乗換券
- ☐ **underground/tube** 地下鉄(英)

食事

- ☐ **à la carte** 一品料理
- ☐ **apéritif** 食前酒
- ☐ **appetizer = starter** 前菜
- ☐ **assorted** 盛り合わせた
- ☐ **B.Y.O. = bring your own (booze)** 酒類持ち込み可
- ☐ **beverage** 飲み物
- ☐ **bitter** 苦い(味の)
- ☐ **breakfast** 朝食
- ☐ **buffet** ビュッフェ

- [ ] **cafeteria** カフェテリア
- [ ] **champagne** シャンパン
- [ ] **check = bill** 勘定書
- [ ] **Cheers!** 乾杯！
- [ ] **chef's suggestion** シェフのお勧め料理
- [ ] **chopsticks** 箸
- [ ] **cocktail** カクテル
- [ ] **combination = combo** 組み合わせ
- [ ] **decaffeinated** カフェイン抜きの
- [ ] **dessert** デザート
- [ ] **diner** 食堂
- [ ] **dinner** 夕食
- [ ] **dish** 大皿、料理
- [ ] **doggie bag** 持ち帰り袋
- [ ] **draft beer** 生ビール
- [ ] **drink** 飲む、酒を飲む
- [ ] **entrée** メインコースの料理
- [ ] **fast food restaurant** ファーストフードの店
- [ ] **fresh** 新鮮な、生の
- [ ] **go Dutch** 割勘にする
- [ ] **gravy** グレイビー(肉汁で作ったソース)
- [ ] **gourmet** グルメ、食通
- [ ] **hamburger** ハンバーガー
- [ ] **happy hour** 夕方早い時間のサービスタイム
- [ ] **hot** 辛い、熱い
- [ ] **hors d'oeuvre** オードブル
- [ ] **house wine** 自家製ワイン
- [ ] **iced** 氷で冷やした
- [ ] **ladies' room** 婦人用トイレ
- [ ] **local speciality** 郷土料理
- [ ] **low calorie** 低カロリー(の)
- [ ] **low fat** 低脂肪(の)
- [ ] **lunch** 昼食
- [ ] **main dish** 主菜

- ☐ **maître d' = manager**　支配人
- ☐ **men's room**　男性用トイレ
- ☐ **menu**　メニュー
- ☐ **napkin**　ナプキン
- ☐ **noodles**　麺類
- ☐ **oil and vinegar**　サラダオイルと酢のドレッシング
- ☐ **order**　注文(する)
- ☐ **overcooked**　焼きすぎた、煮すぎた
- ☐ **oyster bar**　オイスターバー
- ☐ **plate**　平皿、小皿
- ☐ **receipt**　領収書
- ☐ **reservation**　予約
- ☐ **reserve a table = make a reservation**
  テーブルを予約する
- ☐ **restroom**　トイレ
- ☐ **salad**　サラダ
- ☐ **salt and pepper**　塩・胡椒
- ☐ **salty**　塩辛い
- ☐ **seafood**　魚介料理
- ☐ **seasoned**　味付けした
- ☐ **served with . . .**　〜が付いた
- ☐ **snack**　軽食
- ☐ **soft drinks**　清涼飲料水
- ☐ **soup**　スープ
- ☐ **sour**　酸っぱい
- ☐ **soy sauce**　醤油
- ☐ **spicy**　スパイスがきいている、辛い
- ☐ **supper**　夕食
- ☐ **take away**　持ち帰る(英)
- ☐ **take out**　持ち帰る(米)
- ☐ **tax**　税
- ☐ **tip**　チップ
- ☐ **to go or to stay**　持ち帰るか、店で食べるか
- ☐ **today's special**　本日のお勧め料理

- ☐ **toothpick** 楊子
- ☐ **undercooked** 生焼けの、半煮えの
- ☐ **waiter/waitress** ウエーター／ウエートレス
- ☐ **wine list** ワインリスト

買い物

- ☐ **alterations** 補正
- ☐ **antique** アンティーク
- ☐ **appraisal** 鑑定書
- ☐ **artificial** 人工の
- ☐ **baby wears** ベビー服
- ☐ **bargain** 安売り、バーゲン
- ☐ **bookstore** 本屋
- ☐ **budget** 予算
- ☐ **business hours** 営業時間
- ☐ **cashier** レジ係
- ☐ **change** お釣
- ☐ **cheap** 安い
- ☐ **chemist** 薬屋(英)
- ☐ **children's clothes** 子供服
- ☐ **closed** 閉店した
- ☐ **cosmetics** 化粧品
- ☐ **cotton** 木綿(の)
- ☐ **dark color** 暗い色
- ☐ **defective = broken** 欠陥のある、こわれた
- ☐ **deliver** 配達する
- ☐ **delivery charge** 配達料金
- ☐ **department** デパートの各売場
- ☐ **department store** デパート
- ☐ **discount** 値引き(する)
- ☐ **double-bag** 袋を二重にして入れる
- ☐ **dress shirt** ワイシャツ
- ☐ **dressing room** → **fitting room**
- ☐ **drugstore** 薬屋

- ☐ **duty-free** 免税の
- ☐ **exchange** 交換(する)
- ☐ **expensive** 値段が高い
- ☐ **extra large** 特大サイズ(の)
- ☐ **fabric** 繊維
- ☐ **fake** 偽物(の)
- ☐ **fitting room = dressing room** 試着室
- ☐ **flashy** 色が派手な、安ピカの
- ☐ **flea market** のみの市、古物市
- ☐ **genuine** 本物の
- ☐ **gift-wrap** 贈物用に包装する
- ☐ **gift** 贈物
- ☐ **hem** 裾
- ☐ **imitation** イミテーション(の)
- ☐ **inexpensive** 値段が高くない
- ☐ **jacket** 上着
- ☐ **jewelry** 宝石
- ☐ **large** 大きいサイズ(の)
- ☐ **light color** 明るい色
- ☐ **long-sleeved** 長袖の
- ☐ **loose** ゆったりとした、ゆるい
- ☐ **mall = shopping mall** ショピングセンター
- ☐ **medium** 中サイズ(の)
- ☐ **men's clothing** 紳士服
- ☐ **narrow** せまい
- ☐ **nylon** ナイロン(の)
- ☐ **open** 開店する、開店中の
- ☐ **going out of business sale** 倒産処分セール
- ☐ **overseas warranty** 海外保証書
- ☐ **pants** ズボン
- ☐ **pantyhose** ストッキング
- ☐ **petite** 小柄サイズ(の)
- ☐ **pharmacy** 薬局
- ☐ **polka-dot** 水玉模様(の)

- **polyester** ポリエステル(の)
- **price** 値段
- **price tag** 正札
- **rayon** レーヨン(の)
- **real** 本物の
- **receipt** 領収書
- **reduction** 値下げ
- **refund** 払い戻し金、払い戻す
- **replace** 取り替える
- **return** 返品する
- **sale** 売り出し
- **sales tax** 物品税
- **salesperson** 店員
- **sanitary napkins** 生理用ナプキン
- **sheepskin** 羊の皮
- **shipping** 発送
- **shopping bag** ショッピングバッグ
- **short-sleeved** 半袖の
- **silk** 絹(の)
- **size** サイズ
- **small** 小さいサイズ(の)
- **sold out** 売り切れた
- **souvenir** 土産
- **sport shirt** スポーツシャツ
- **sportswear** スポーツウエア
- **stationery** 文房具
- **stock** 在庫
- **store clerk** 店員
- **store manager** 店の責任者
- **stripe** ストライプ、しま模様の織物
- **supermarket** スパーマーケット
- **sweater** セーター
- **T-shirt** Tシャツ
- **tax** 税金

- ☐ **tax-free** 免税の
- ☐ **thick** 厚手の
- ☐ **thin** 薄手の
- ☐ **tight** 窮屈な、きつい
- ☐ **toiletries** 洗面・化粧品
- ☐ **trousers** ズボン
- ☐ **try . . . on** 〜を試着する
- ☐ **underwear** 下着
- ☐ **waist** ウエスト
- ☐ **warranty** 保証書
- ☐ **wide** 幅が広い
- ☐ **women's clothing** 婦人服
- ☐ **wool** ウール／毛(の)
- ☐ **wrap** 包装する

娯楽

- ☐ **admission (fee)** 入場料
- ☐ **advance ticket** 前売券
- ☐ **amusement park** 遊園地
- ☐ **annual event** 例年行事
- ☐ **aquarium** 水族館
- ☐ **art gallery** 美術館
- ☐ **balcony** 劇場のバルコニー席
- ☐ **binoculars** 双眼鏡
- ☐ **botanical garden** 植物園
- ☐ **box office** チケット売場
- ☐ **casino** カジノ
- ☐ **cover charge** 席料
- ☐ **curtain time** 開場時刻
- ☐ **dinner show** ディナーショー
- ☐ **disco** ディスコ
- ☐ **drama** 演劇
- ☐ **exhibition** 展覧会
- ☐ **exposition** 博覧会

- [ ] **festival** 祭り
- [ ] **intermission** 劇場の休憩時間
- [ ] **live performance** ライブショー
- [ ] **loge** 劇場の仕切り席
- [ ] **matinée** マチネ
- [ ] **mezzanine seat** 劇場の２階正面席
- [ ] **movie = film** 映画
- [ ] **movie theater** 映画館
- [ ] **museum** 博物館
- [ ] **musical** ミュージカル
- [ ] **night club** ナイトクラブ
- [ ] **opening** 初日
- [ ] **opera glasses** オペラグラス
- [ ] **opera** オペラ
- [ ] **orchestra seat** オーケストラ席
- [ ] **parade** パレード
- [ ] **park** 公園
- [ ] **play** 演劇
- [ ] **program** プログラム
- [ ] **pub** パブ
- [ ] **scalper** ダフ屋
- [ ] **seat** 座席
- [ ] **seating chart** 座席図
- [ ] **show time** 上映時間
- [ ] **sightseeing** 観光
- [ ] **special event** 特別行事
- [ ] **square** 広場
- [ ] **stadium** 競技場
- [ ] **theater** 劇場
- [ ] **ticket agency** チケットエージェンシー
- [ ] **tourist information** 観光案内
- [ ] **usher** 劇場の座席案内係
- [ ] **zoo** 動物園

● 旅行ことば英米比較

日本語	アメリカ英語	イギリス英語
ホテルのフロント	front desk	reception
電話を相手払いにする	call collect	reverse charges
電話をつなぐ	connect	put through
水道の蛇口	faucet	tap
歩道	sidewalk	pavement/footpath
売店	newsstand	kiosk
地下鉄	subway	tube/underground
鉄道の車掌	conductor	guard
列車の通路	aisle	corridor
予約	reservation	booking
往復旅券	round trip ticket	return ticket
片道旅券	one-way ticket	single ticket
ガソリン	gas/gasoline	petrol
ガソリンスタンド	gas station	filling station
車のボンネット	hood	bonnet
駐車場	parking lot	car park
クローク	checkroom	cloakroom
酒類	liquor	spirits
ピッチャー	pitcher	jug
ロースト(ビーフ等)	roast	joint
フライドポテト	French fries	chips
コーヒーにミルクを入れるか入れないか	With or without?	Black or white?
レストランの勘定書	check	bill
トイレ	restroom/bathroom/toilet	lavatory/toilet/W.C.
店員	sales clerk/store clerk	shop assistant
(お金の)お札	bill	bank note
1階	first floor	ground floor
2階	second floor	first floor
エレベーター	elevator	lift
ハンドバッグ	pocket book/purse	handbag
薬局	pharmacy	chemist's shop
映画	movie	film
映画館	movie theater	cinema
(店/劇場等の)通路	aisle	gangway
郵便	mail	post
列	line	queue
並ぶ	line up/stand in line	queue up

●これは、アメリカ英語とイギリス英語の傾向を表したものであるが、たとえば、アメリカでクローク(コート預かり所)のことを checkroom ということもあれば cloakroom ということもあるように、必ずしも断定的なものではない。しかし、中には、アメリカ独特、またはイギリス独特の言い方も含まれている。

Appendix
旅のデータファイル

海外での国際電話のかけ方
世界の国の時差早見表
衣服サイズ比較表
度量衡換算表
日本における主要国の情報入手先
外国における日本人のための窓口

● 海外での国際電話のかけ方

①国際ダイヤル直通通話

発信国の国際電話識別番号 ➡ 相手国の国番号 ➡ 相手国内の市外局番 ➡ 相手の電話番号

たとえば、アメリカから東京(03)3123-4567にかける場合は次のようにダイヤルする。

011-81-3(0をとる)-3123-4567

②オペレーター・コール

① オペレーターに頼んでかけてもらう通話方法には、単に番号をいってつないでもらう方法のほかに、person-to-person call（指名通話）と collect call（料金相手払い）がある。

国名	国際電話識別番号	国番号	市内電話番号案内	オペレーター呼出番号
日本	001	81	104	0057
アメリカ	011	1	411	001
カナダ	011	1	───	01
イギリス	010	44	142	107
フランス	19	33	12	193381
ドイツ	00	49	118	───
イタリア	00	39	12	170
スイス	00	41	111	113
ベルギー	00	32	997	904
オランダ	09	31	───	06-0410
スペイン	07	34	003	0
オーストラリア	0011	61	013	0101
ニュージーランド	00	64	100	0170
中国	───	86	114	118
香港	001	852	108	010
韓国	001	82	114	007
台湾	───	886	104	100
シンガポール	004	65	───	104
フィリピン	00632	63	───	108
インド	9111	91	───	186
インドネシア	───	62	108	104
タイ	001	66	13	100
マレーシア	007	60	103	108
ブラジル	00	55	102	000111

● 市内電話番号案内は、主として首都で利用されているもの。

●世界の国の時差早見表

都市（国）	時差																									
（ブラジリア）	-12	12	13	14	15	16	17	18	19	20	21	22	23	24	1	2	3	4	5	6	7	8	9	10	11	12
サンティアゴ（チリ）	-13	11	12	13	14	15	16	17	18	19	20	21	22	23	24	1	2	3	4	5	6	7	8	9	10	11
ニューヨーク・ワシントン（米）	-14	10	11	12	13	14	15	16	17	18	19	20	21	22	23	24	1	2	3	4	5	6	7	8	9	10
シカゴ（米）・メキシコ	-15	9	10	11	12	13	14	15	16	17	18	19	20	21	22	23	24	1	2	3	4	5	6	7	8	9
デンバー・ヒューストン（米）	-16	8	9	10	11	12	13	14	15	16	17	18	19	20	21	22	23	24	1	2	3	4	5	6	7	8
サンフランシスコ・シアトル（米）	-17	7	8	9	10	11	12	13	14	15	16	17	18	19	20	21	22	23	24	1	2	3	4	5	6	7
―	-18	6	7	8	9	10	11	12	13	14	15	16	17	18	19	20	21	22	23	24	1	2	3	4	5	6
アンカレッジ・ホノルル（米）	-19	5	6	7	8	9	10	11	12	13	14	15	16	17	18	19	20	21	22	23	24	1	2	3	4	5
サモア諸島	-20	4	5	6	7	8	9	10	11	12	13	14	15	16	17	18	19	20	21	22	23	24	1	2	3	4
オークランド（ニュージーランド）	+3	4	5	6	7	8	9	10	11	12	13	14	15	16	17	18	19	20	21	22	23	24	1	2	3	
ヌーメア（ニューカレドニア）	+2	3	4	5	6	7	8	9	10	11	12	13	14	15	16	17	18	19	20	21	22	23	24	1	2	
メルボルン・シドニー（オーストラリア）	+1	2	3	4	5	6	7	8	9	10	11	12	13	14	15	16	17	18	19	20	21	22	23	24	1	
東京（日本）・ソウル（韓国）	日本標準時	1	2	3	4	5	6	7	8	9	10	11	12	13	14	15	16	17	18	19	20	21	22	23	24	
ホンコン・シンガポール	-1	24	1	2	3	4	5	6	7	8	9	10	11	12	13	14	15	16	17	18	19	20	21	22	23	
バンコク（タイ）	-2	23	24	1	2	3	4	5	6	7	8	9	10	11	12	13	14	15	16	17	18	19	20	21	22	
ダッカ（バングラデシュ）	-3	22	23	24	1	2	3	4	5	6	7	8	9	10	11	12	13	14	15	16	17	18	19	20	21	
カラチ（パキスタン）・デリー（インド）	-4	21	22	23	24	1	2	3	4	5	6	7	8	9	10	11	12	13	14	15	16	17	18	19	20	
アブダビ（アラブ首長国連邦）	-5	20	21	22	23	24	1	2	3	4	5	6	7	8	9	10	11	12	13	14	15	16	17	18	19	
モスクワ（ロシア）・バグダッド（イラク）	-6	19	20	21	22	23	24	1	2	3	4	5	6	7	8	9	10	11	12	13	14	15	16	17	18	
アテネ（ギリシャ）・カイロ（エジプト）	-7	18	19	20	21	22	23	24	1	2	3	4	5	6	7	8	9	10	11	12	13	14	15	16	17	
ベルリン（独）・ローマ（伊）・パリ（仏）	-8	17	18	19	20	21	22	23	24	1	2	3	4	5	6	7	8	9	10	11	12	13	14	15	16	
ロンドン（英）・リスボン（ポルトガル）	-9	16	17	18	19	20	21	22	23	24	1	2	3	4	5	6	7	8	9	10	11	12	13	14	15	
―	-10	15	16	17	18	19	20	21	22	23	24	1	2	3	4	5	6	7	8	9	10	11	12	13	14	
アゾレス諸島（ポルトガル）	-11	14	15	16	17	18	19	20	21	22	23	24	1	2	3	4	5	6	7	8	9	10	11	12	13	

- □ 前日にあたる部分。
- ▨ 翌日にあたる部分。

●時差のプラス記号は日本よりの早いことを、マイナス記号は日本よりの遅いことを示す。
●この時間は各地の標準時による。夏時間採用期間中はプラス一時間とする。

291

● 衣服サイズ比較表

以下の表は一応の目安。メーカーによっても違うので、買い物の際には必ず試着してから決めよう。

MEN'S

ワイシャツ	日本	36cm	37cm	38cm	39cm	40cm	41cm	42cm	43cm	44cm
	英・米	14	14.5	15	15.5	16	16.5	17	17.5	18
	欧州	36	37	38	39	40	41	42	43	44

上衣	日本	A 4	A 5	A 6	A 7	AB 4	AB 5	AB 6	AB 7
	英・米	36ES	37S	38S	39R	38ES	39S	40S	41R
	欧州	44.6	46.6	48.6	50.6	44.4	46.4	48.4	50.4

ズボン	日本	68cm	71cm	74cm	76cm	79cm	81cm	84cm	86cm	88cm	91cm
	米	27	28	29	30	31	32	33	34	35	36

靴下	日本	23cm	24.5cm	25.5cm	27cm	28cm	29cm
	英・米	9	9.5	10	10.5	11	11.5
	欧州	23	24.5	25.5	$26\,3/4$	28	$29\,1/4$

靴	日本	23cm	23.5cm	24cm	24.5cm	25cm	25.5cm	26cm	26.5cm	27cm	27.5cm
	米	5.5	6	6.5	7	7.5	8	8.5	9	9.5	10
	英	4.5	5	5.5	6	6.5	7	7.5	8	8.5	9
	欧州	36	37	38	39	40	41	42	43	44	45

※靴のサイズは男女とも同じ。

LADIES'

洋服	日本	6号	7号	9号	11号	13号	15号	17号	19号	21号
	米	6	8	10	12	14	16	18	20	22
	英	30	32	34	36	38	40	42	44	46
	仏	34	36	38	40	42	44	46	48	50

● 交流電圧の違いについて

各国の電圧は、大別すると120V前後と220V前後、および両方が使用できる地域の3つに分けられる。電気機器や変圧器についても同様で、たとえば115V用のものは120V前後の地域で使用可能である。
- 120V前後の国：カナダ、アメリカ、ロシア、フィリピン、台湾
- 220V前後の地域：オーストリア、ドイツ、イギリス、オーストラリア、中華人民共和国、インドネシア、マレーシア、シンガポール、アルゼンチン、ブラジル、エジプト、香港
- 120V前後、220V前後ともに使える地域：フランス、イタリア、大韓民国
 （電圧は家庭用供給の場合の数字を示してある）

● 度量衡換算表

長さ

	センチメートル	メートル	キロ	インチ	フィート	ヤード	マイル	カイリ	チェーン
センチメートル	1	0.01	0.00001	0.39370	0.03280	0.01093	──	──	0.00049
メートル	100	1	0.001	39.3701	3.280	1.0936	0.00062	──	0.04969
キロ	100000	1000	1	39370.1	3280	1093.61	0.6213	0.539	49.6969
インチ	2.54	0.0254	0.00003	1	0.083	0.0277	0.0001	──	0.00126
フィート	30.48	0.3048	0.00030	12.00	1	0.3333	0.00019	──	0.01515
ヤード	91.44	0.9144	0.00091	36.00	3.00	1	0.00057	0.0004	0.04545
マイル	160931	1609.31	1.60934	63360	5280	1760	1	0.868	80
カイリ	185310	1853.1	1.853	72960	6080	2026.6	1.151	1	92.1212
チェーン	2012	20.12	0.02012	792	66	22	0.0125	0.01086	1

重さ

	グラム	キログラム	トン	オンス	ポンド	トン(米)	トン(英)	ピクル
グラム	1	0.001	──	0.03527	0.0022	0.000001	0.000001	0.000017
キログラム	1000	1	0.001	35.273	2.2046	0.001102	0.000984	0.0167
トン	──	1000.0	1	35273	2204.63	1.10231	0.984204	16.667
オンス	28.349	0.028	0.00002	1	0.0625	0.000031	0.000028	0.0047
ポンド	453.59	0.453	0.0004	16.00	1	0.00050	0.000446	0.0076
トン(米)	907156.7	907.157	0.90716	31999.6	2000.00	1	0.892857	15.1999
トン(英)	1.021434	1021.434	1.02143	35839.5	2240.00	1.1200	1	17.0239
ピクル	60000	60	0.060	2143.38	132.276	0.06579	0.5874	1

面積

	平方メートル	平方キロメートル	ヘクタール	アール	平方フィート	平方マイル	エーカー	平方ヤード
平方メートル	1	──	0.0001	0.01	10.764	──	0.00024	1.19600
平方キロメートル	1000000	1	100	10000	──	0.386	247.11	1196000
ヘクタール	10000	0.01	1	100	107640	──	2.4711	11960.0
アール	100	0.0001	0.01	1	1076.42	0.00003	0.024	119.600
平方フィート	0.0928	──	──	──	1	──	──	0.111111
平方マイル	──	2.58989	258.989	25895.9	27878400	1	640.0	4840000
エーカー	4046.87	0.004	0.40467	40.4671	43560.0	0.001	1	4840.00
平方ヤード	0.836130	──	0.000084	0.008361	9.00000	──	0.000207	1

容量

	CC	リットル	立方メートル	立方インチ	立方フィート	クォート	ガロン(米)	ガロン(英)
CC	1	0.001	0.000001	0.6102	0.00003	0.0010	0.00026	──
リットル	1000	1	0.001	61.0271	0.03531	1.05672	0.26418	0.21998
立方メートル	──	1000	1	61027.1	35.3165	1056.72	264.186	220.216
立方インチ	16.386	0.01638	──	1	0.00057	0.01728	0.0042	0.0036
立方フィート	28316.8	28.3168	0.02831	1728	1	29.92	7.48051	6.22
クォート	946.35	0.94635	0.00094	57.75	0.03342	1	0.25	0.208
ガロン(米)	3785.43	3.78543	0.00378	231	0.13368	4.00	1	0.833
ガロン(英)	4546	4.546	0.0045	277.26	0.1608	4.80	1.200	1

●表の見方：たとえば1メートル＝100センチメートル＝0.001キロ＝39.3701インチ＝3.280フィート＝1.0936ヤード＝0.00062マイル＝0.04969チェーン

CDブック版
まるごと使える 旅行英会話ミニフレーズ
Active English編集部・編

本書は1992年初版発行の『まるごと使える 旅行英会話ミニフレーズ』を
CDブック化したものです。

2000年1月15日　初版発行
2000年4月25日　第2刷発行

監修	高橋朋子
解説	高橋朋子／藤田　保
編集	(株) FDC
AD・レイアウト	金川道子
レイアウト	金川道子／B.C.
表紙イラスト	秋山　孝
本文イラスト	秋山　孝／らくがき舎(内藤明生／森　英哉)
発行人	平本照麿
発行所	株式会社アルク
	〒168-8611 東京都杉並区永福2-54-12
	TEL 03-3327-1101（販売部）
	TEL 03-3323-2444（英語企画開発部）
	FAX 03-3327-1022
	Space ALC　　　http://www.alc.co.jp/
	EK Online　　　http://www.alc.co.jp/e-kikaku/
	Active English　http://www.alc.co.jp/ae/
	e-mail　e-kikaku@alc.co.jp（英語企画開発部）
写植・版下	株式会社秀文社
印刷・製本	凸版印刷株式会社

©1999 by Tomoko Takahashi, Tamotsu Fujita, ALC Press Inc.

落丁本・乱丁本は弊社にてお取り換え致します。
定価はカバーに表示してあります。
Printed in Japan

シリーズで**100**万部突破！
ひとりでできる英会話
起きてから寝るまでシリーズ550

発行：アルク

高校生の起きてから寝るまで英語表現
本 940円 ／ 別売CD（1枚） 1,560円

起きてから寝るまで 表現550 正編
本（CD付） 1,480円

起きてから寝るまで 表現550 会社編
本（CD付） 1,480円

起きてから寝るまで 表現550 海外旅行編
本（CD付） 1,480円

起きてから寝るまで 表現550 日常生活編
本（CD付） 1,480円

起きてから寝るまで 表現550 キャンパス編
本＋テープセット 3,864円

起きてから寝るまで 表現 人間関係編
本（CD付） 1,480円

起きてから寝るまで 子育て表現550
本（CD付） 1,480円

CD-ROM版 起きてから寝るまで まるごと英語で1週間
CD-ROM（Windows95版／Macintosh版）
［ウインドウズ'98対応］ 4,700円

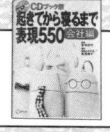

起きてから寝るまで 英会話口慣らし練習帳
本（CD2枚付） 1,780円

起きてから寝るまで 英会話まるごと練習帳
本（CD2枚付） 1,780円

起きてから寝るまで 表現早引きハンドブック
本＋テープセット 4,757円

価格はすべて本体価格です。お近くの書店にてお求めください。
書店にない場合は小社に直接お申し込みください。
（株）アルク販売部 〒168-8611 東京都杉並区永福2-54-12

0120-120-800
（月〜金 9:00〜21:00 ／ 土日祝 9:00〜19:00）
FAX、E-mailでのご注文も承っております。
FAX: 03-3327-1300
E-Mail: shop@alc.co.jp
ご紹介の書籍に関する詳細は、ホームページ
http://www.alc.co.jp/でもご覧になれます。

主催：株式会社アルク
地球人ネットワークを創る
http://www.alc.co.jp/

かんたんな通訳はおまかせ

中級者向けの英会話上達通信講座

スピーキングマラソン実践コース

監修：吉田研作（上智大学教授）

「英会話のレベルがなかなかアップしない」、「ぶつかっている"英会話の壁"をなんとか突破したい…」。こんな方にぜひおすすめしたい講座が、「スピーキングマラソン実践コース」です。あいさつや自己紹介、かんたんな日常会話をこなせる方を対象にした中級者向けのプログラムです。

「スピーキングマラソン実践コース」は、こんな講座です！

・文をつなげて流暢に、論理的に意見を言える上級のコミュニケーション能力の獲得をめざします。
・自由自在に英語を操って会話を楽しむための、いくつかのテクニックをマスターします。
・学習が進めやすく、到達目標が明確な「ユニット学習法」を採用しています。
・毎月1回、学習の進度チェックのためにテスト（コンピューター採点付き）を行います。

●受講期間：6カ月間　●受講料：41,800円（税別）

入門レベルの方におすすめします。

起きてから寝るまで表現

スピーキングマラソン入門コース

●受講期間：6カ月間
●受講料：39,800円（税別）

詳しい資料を無料送付いたします！

資料のご請求は簡単、本書さし込みハガキで。
電話でのご請求は、フリーダイヤルで

☎ 0120-120-800

受付時間：（月〜金）9:00〜21:00　（土日祝）9:00〜19:00

ファックス、E-mailでも受け付けいたします。
FAX；03-3327-1300
E-mail；alcpr@alc.co.jp
（24時間受付　2-99-786係宛）